emocionario

Dime lo que sientes

V&R
EDITORAS

Título original: *Emocionario*

© Texto: Cristina Núñez Pereira y Rafael R. Valcárcel
© Ilustraciones: Los derechos morales de las ilustraciones pertenecen
  a sus respectivos autores.
© Diseño de cubierta e interiores: Leire Mayendía
© 2013 Palabras Aladas, España
© 2016 VR Editoras S.A. de C.V.
 www.vreditoras.com

Todos los derechos reservados. Prohibidos, dentro de los límites establecidos por la ley, la reproducción total o parcial de esta obra, el almacenamiento o transmisión por medios electrónicoso mecánicos, las fotocopias o cualquier otra forma de cesión de la misma, sin previa autorización escrita de las editoras.

México: Dakota 274, colonia Nápoles - C.P. 03810
Del. Benito Juárez, Ciudad de México
Tel.: (52-55) 5220-6620 • 01800-543-4995
e-mail: editoras@vreditoras.com.mx

Argentina: Florida 833, piso 2, of. 203
(C1005AAQ) - Buenos Aires
Tel.: (54-11) 5352-9444
e-mail: editorial@vreditoras.com

Primera edición
Quinta reimpresión: diciembre de 2019

ISBN 978-987-747-024-6

Impreso en China · Printed in China

PROPUESTA DE LECTURA

El recorrido emocional que te proponemos a continuación busca acercarse lo más posible al sentir real. Sin embargo, puedes empezar por la emoción que más te guste y saltar a la página que tú elijas…

ÍNDICE

emocionario

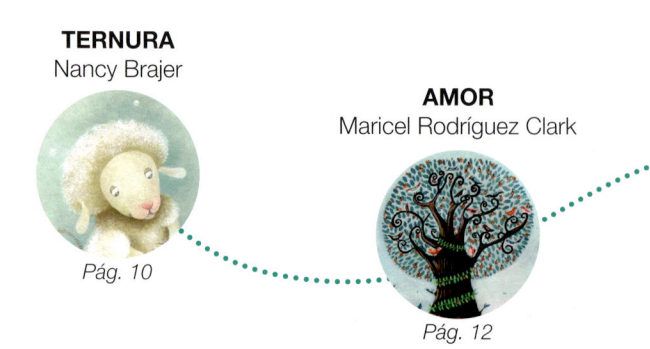

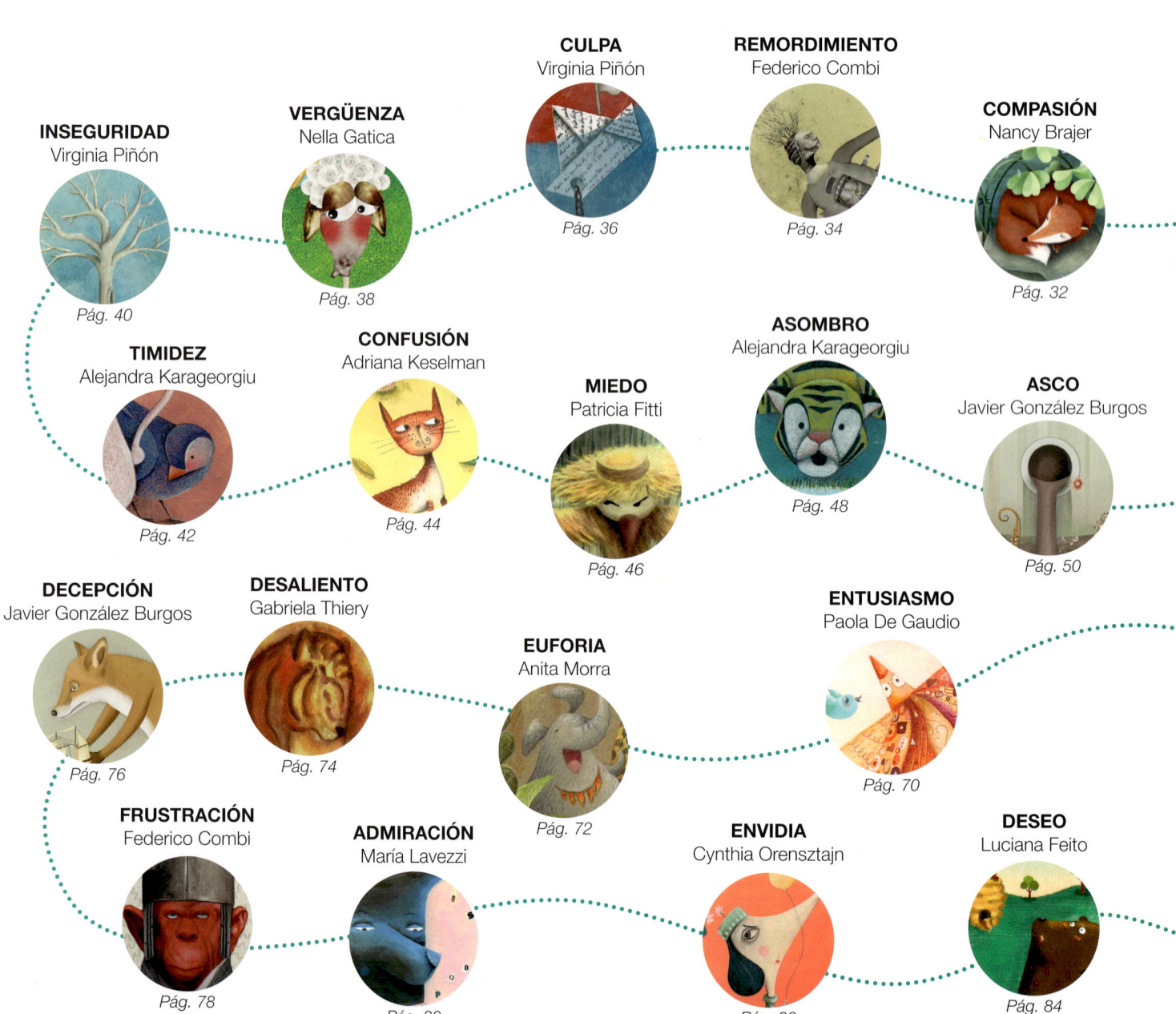

TERNURA
Nancy Brajer
Pág. 10

AMOR
Maricel Rodríguez Clark
Pág. 12

INSEGURIDAD
Virginia Piñón
Pág. 40

VERGÜENZA
Nella Gatica
Pág. 38

CULPA
Virginia Piñón
Pág. 36

REMORDIMIENTO
Federico Combi
Pág. 34

COMPASIÓN
Nancy Brajer
Pág. 32

TIMIDEZ
Alejandra Karageorgiu
Pág. 42

CONFUSIÓN
Adriana Keselman
Pág. 44

MIEDO
Patricia Fitti
Pág. 46

ASOMBRO
Alejandra Karageorgiu
Pág. 48

ASCO
Javier González Burgos
Pág. 50

DECEPCIÓN
Javier González Burgos
Pág. 76

DESALIENTO
Gabriela Thiery
Pág. 74

EUFORIA
Anita Morra
Pág. 72

ENTUSIASMO
Paola De Gaudio
Pág. 70

FRUSTRACIÓN
Federico Combi
Pág. 78

ADMIRACIÓN
María Lavezzi
Pág. 80

ENVIDIA
Cynthia Orensztajn
Pág. 82

DESEO
Luciana Feito
Pág. 84

ODIO
Nella Gatica
Pág. 14

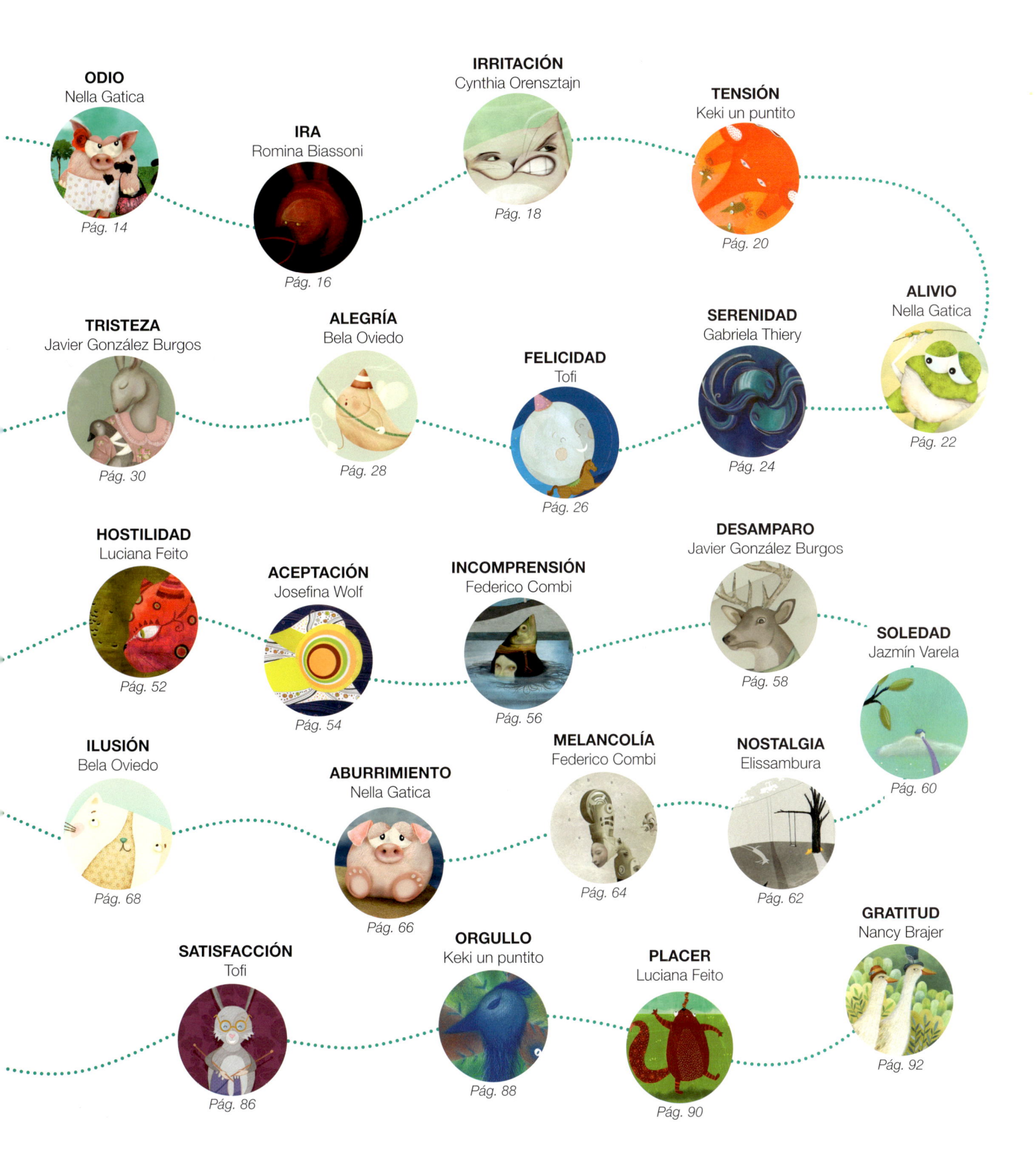

IRA
Romina Biassoni
Pág. 16

IRRITACIÓN
Cynthia Orensztajn
Pág. 18

TENSIÓN
Keki un puntito
Pág. 20

ALIVIO
Nella Gatica
Pág. 22

TRISTEZA
Javier González Burgos
Pág. 30

ALEGRÍA
Bela Oviedo
Pág. 28

FELICIDAD
Tofi
Pág. 26

SERENIDAD
Gabriela Thiery
Pág. 24

HOSTILIDAD
Luciana Feito
Pág. 52

ACEPTACIÓN
Josefina Wolf
Pág. 54

INCOMPRENSIÓN
Federico Combi
Pág. 56

DESAMPARO
Javier González Burgos
Pág. 58

SOLEDAD
Jazmín Varela
Pág. 60

ILUSIÓN
Bela Oviedo
Pág. 68

ABURRIMIENTO
Nella Gatica
Pág. 66

MELANCOLÍA
Federico Combi
Pág. 64

NOSTALGIA
Elissambura
Pág. 62

SATISFACCIÓN
Tofi
Pág. 86

ORGULLO
Keki un puntito
Pág. 88

PLACER
Luciana Feito
Pág. 90

GRATITUD
Nancy Brajer
Pág. 92

PRÓLOGO

Rosa Collado Carrascosa
(psicóloga y psicoterapeuta)

Un Emocionario... ¡Qué fantástica idea para que una persona se conozca a sí misma desde su más subjetiva realidad!

Este Emocionario le ofrece una oportunidad integradora al ser humano, desde su más tierna infancia, porque lo ayuda a conocer sus emociones y a dialogar sobre sus sentimientos. De este modo, podrá encauzarlos adecuadamente y, así, sentir su vida con todo su potencial, sin detrimento de ninguna de sus capacidades.

El Emocionario es un apoyo pedagógico elemental. Permite desarrollar la inteligencia emocional del niño, que será la clave de su autoaceptación y de un desarrollo psicoevolutivo sano. Para que seamos capaces de crear nuestra propia felicidad, es necesario que aprendamos a integrar en el desarrollo psicológico el conocimiento de las emociones.

Descubrir, identificar y diferenciar las emociones a través de este Emocionario es una forma de educar a los más pequeños para que sientan sin temor, para que se descubran a sí mismos y para que logren convertirse en adultos autoconscientes con una habilidad sensitiva que les permita enfrentar los desafíos de la vida.

Sentir es un privilegio y aprender a expresar nuestras emociones nos ayudará a acercarnos a quienes amamos.

Las emociones son estados afectivos innatos y automáticos que se experimentan a través de cambios fisiológicos, cognitivos y conductuales. Sirven para hacernos más adaptables al entorno que experimentamos.

Los sentimientos son la toma de conciencia de esas emociones etiquetadas. Sirven para expresar, de forma más racional, nuestro estado anímico.

Información dirigida especialmente a los adultos.

Ternura

Algunos seres despiertan nuestra ternura: un cachorro, un árbol a punto de brotar, un abuelito… La ternura es cercanía, afecto y compasión.

Sentimos ternura ante personas, seres y objetos indefensos o que no parecen amenazadores.

¿Dónde está la ternura?

La ternura está en tu interior. Pero son los demás los que abrirán las puertas de tu propia ternura. Su fragilidad despierta nuestro deseo de ser suaves, atentos, comprensivos.

La ternura es una invitación al **amor**.

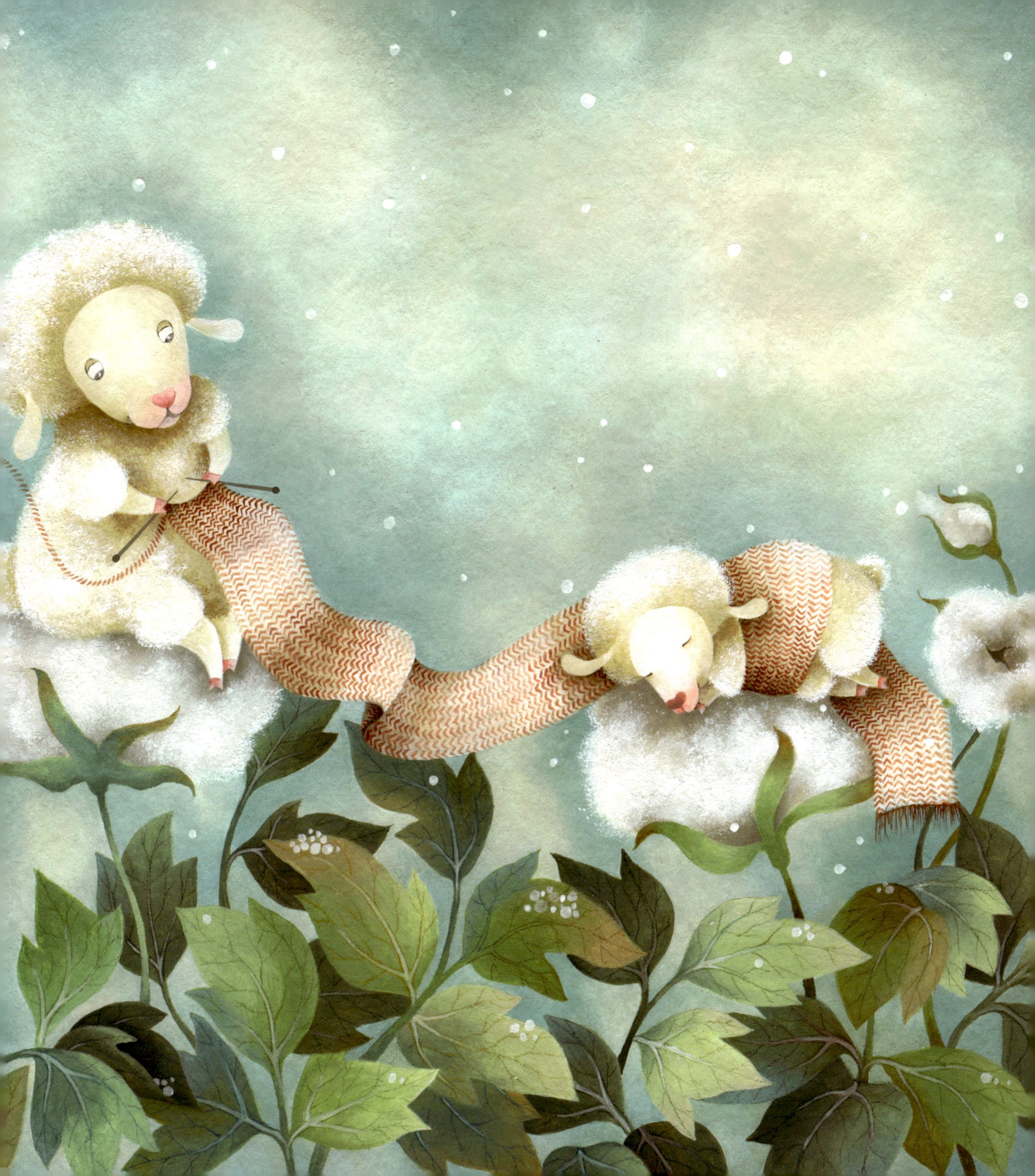

Amor

De todas las emociones, el amor es quizás, la más contradictoria. Nos puede provocar una sonrisa gigantesca o una catarata de lágrimas.

¿Qué clases de amor hay?

• Amor romántico: Cuando piensas constantemente en una misma persona… y verla te produce una mezcla de nervios y alegría.

• Amor diligente: Cuando haces tuyas la alegría o la tristeza de la persona a quien amas y, además, siempre le deseas lo mejor. Es un sentimiento puro y cálido.

El amor es lo opuesto al **odio**.

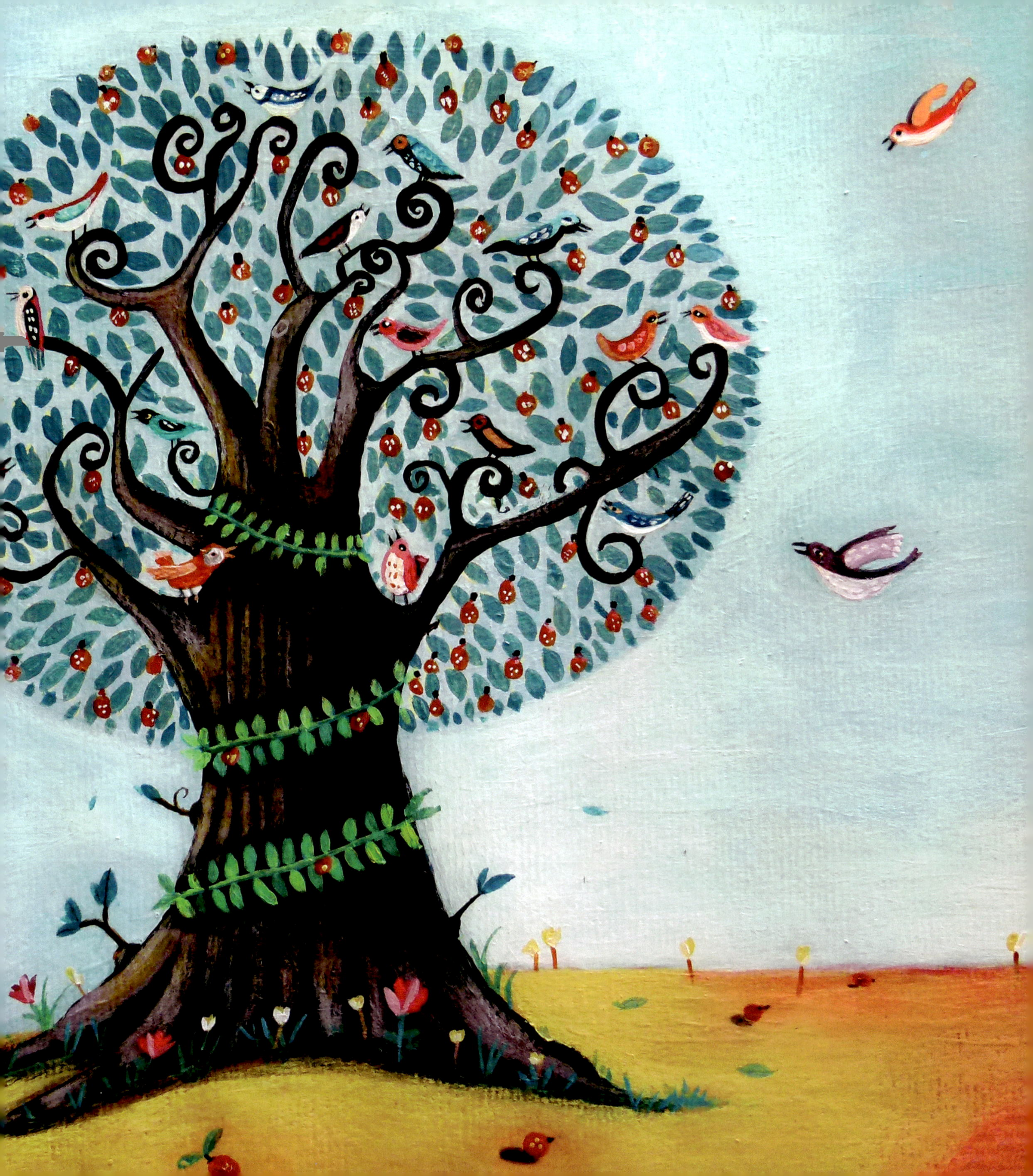

Odio

El odio es una gran antipatía, un rechazo que sentimos hacia algo o hacia alguien. Como consecuencia, deseamos que le ocurra algo malo.

¿Cuánto dura el odio?

Algunas veces, el odio dura mucho tiempo. Otras, solo un ratito. Puedes sentir un odio repentino hacia una persona, pero eso no significa que la hayas dejado de querer.

Si actuamos guiados por el odio, quedaremos atrapados en la **ira**.

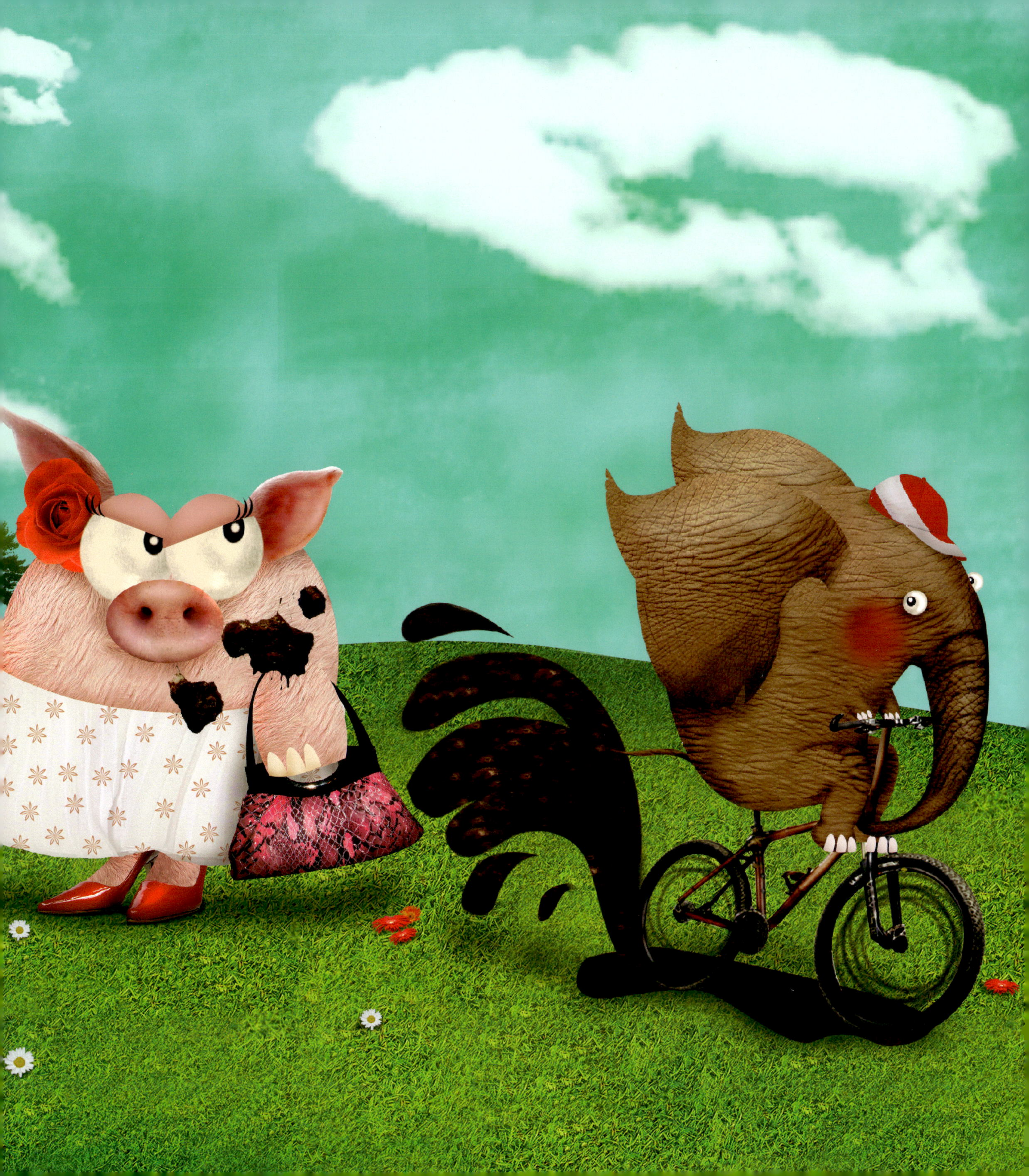

Ira

También conocida como 'rabia', 'cólera' o 'furia'.

La ira es velocísima: te domina y se va casi sin que te des cuenta. Por lo general, puede adueñarse de ti en situaciones que consideras muy injustas o que atentan contra tu bienestar.

¿La ira es útil?

En una sociedad civilizada, no; porque la ira es una emoción que no deja pensar. Te hace reaccionar como un animal que es atacado por otro.

Y como no vivimos entre bestias salvajes, nuestras malas reacciones nos pueden meter en problemas. Por eso, es mejor evitar que la ira tome el control mientras estemos a tiempo. Por ejemplo, cuando sentimos un poquito de **irritación**.

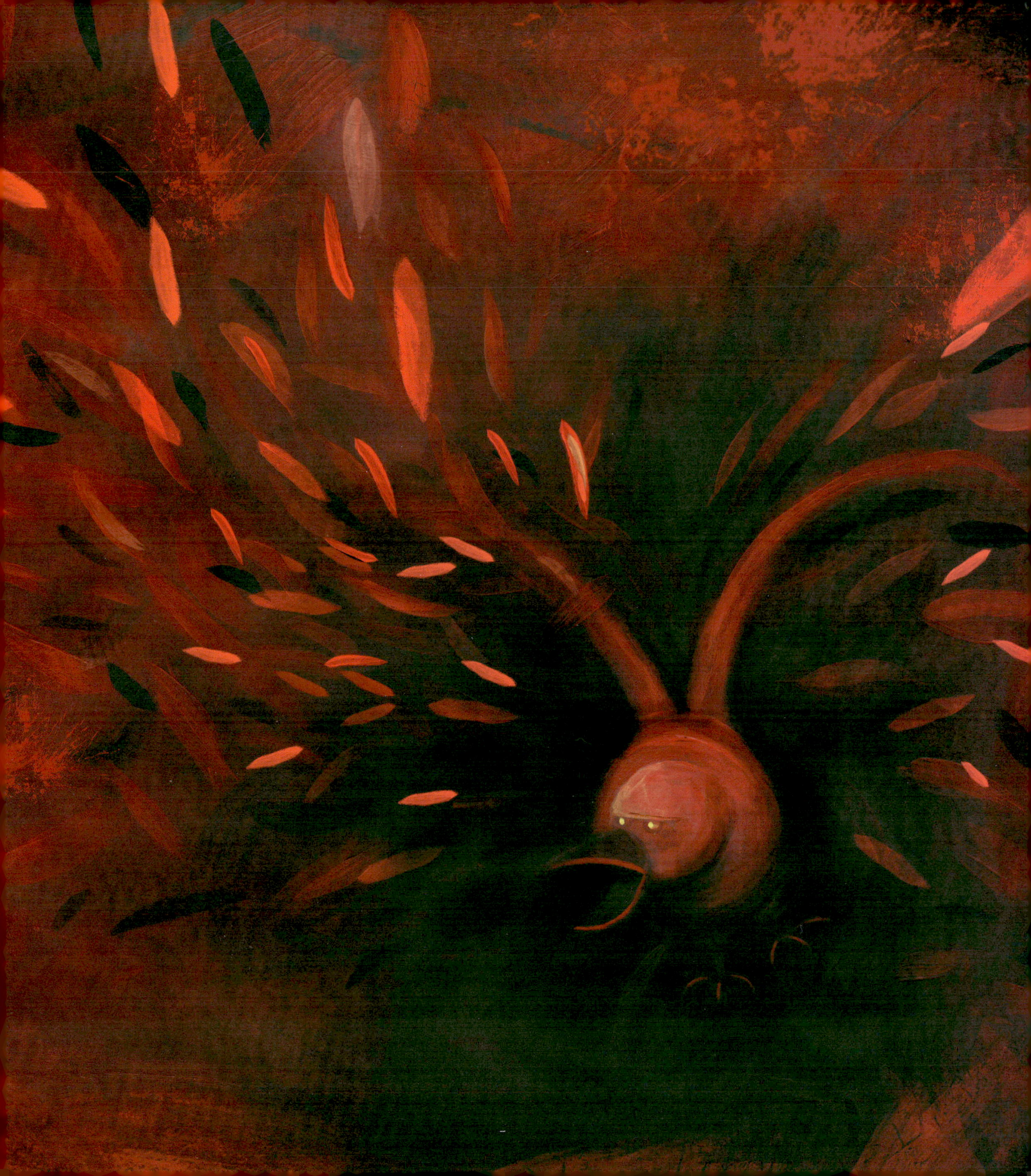

Irritación

El mundo está lleno de colores, olores, sonidos… Unos nos agradan siempre; otros solo un momento. Algunos nos disgustan. Y otros nos irritan: son tan molestos que se nos instalan dentro y no podemos dejar de pensar en ellos.

El ladrido de un cachorro puede despertar tu ternura, pero ¿y si no deja de ladrar durante todo el día?

¿Qué sucede cuando te irritas?

Cuando algo te irrita eres muy consciente de tus sentidos. Algo molesto pasa a ser irritante cuando crees que ya no puedes soportarlo más.

Una irritación muy duradera nos lleva a sentir **tensión**.

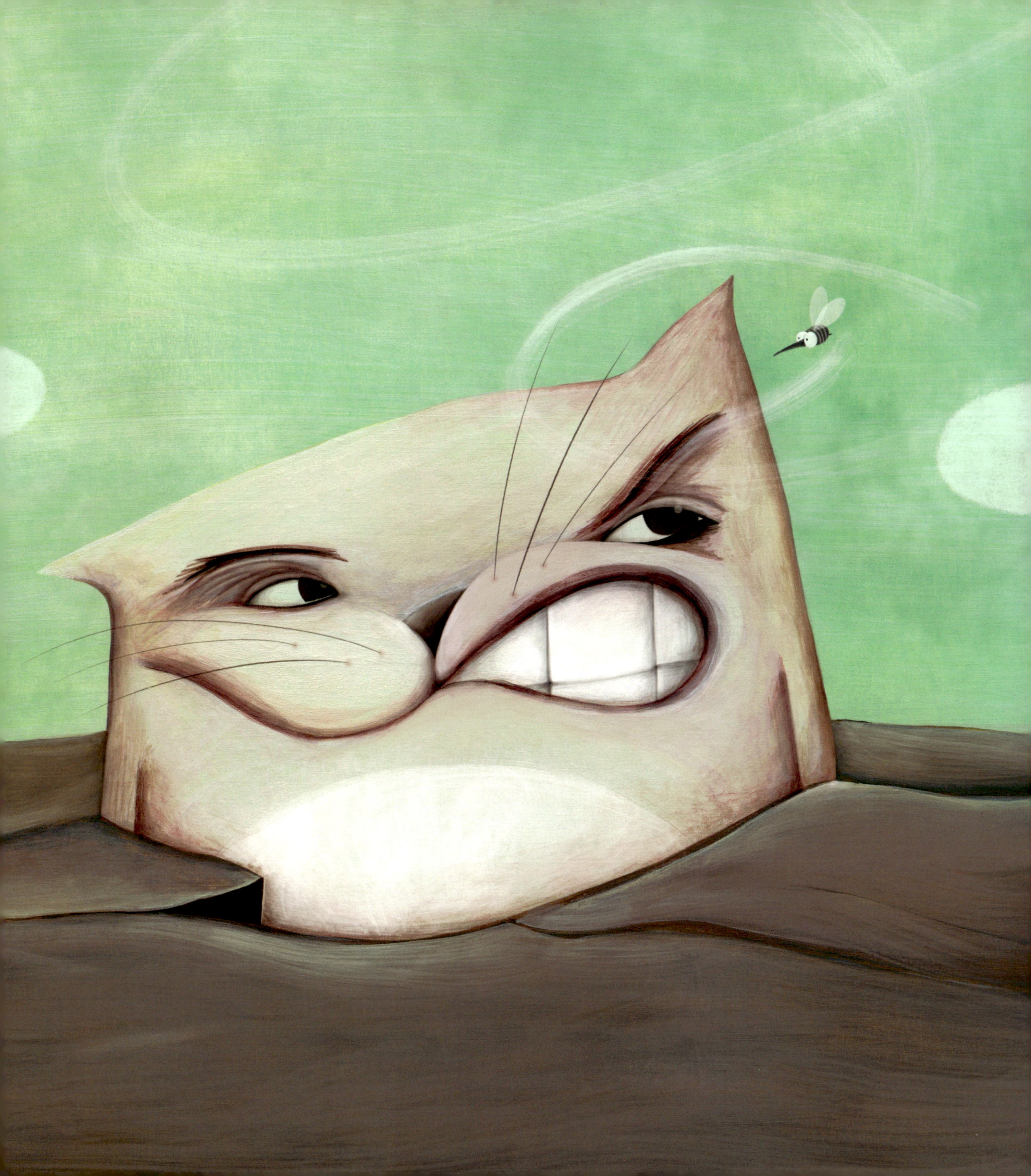

Tensión

Algunos la llaman 'estrés'.

La tensión nace cuando nos enfrentamos a situaciones que consideramos amenazantes. Tres ejemplos:

- Llegar a un nuevo colegio o barrio.
- Estar en medio de una discusión muy fuerte.
- No tener la lección estudiada cuando el profesor está haciendo preguntas.

También se produce tensión cuando hay intereses enfrentados. Por ejemplo: tú deseas cantar y tu mamá desea dormir.

¿Qué ocurre cuando te sientes tenso?

Estás nervioso, impaciente y pierdes la calma con facilidad.

Si hablas de lo que te genera tensión con alguien en quien confías, experimentarás un gran **alivio**.

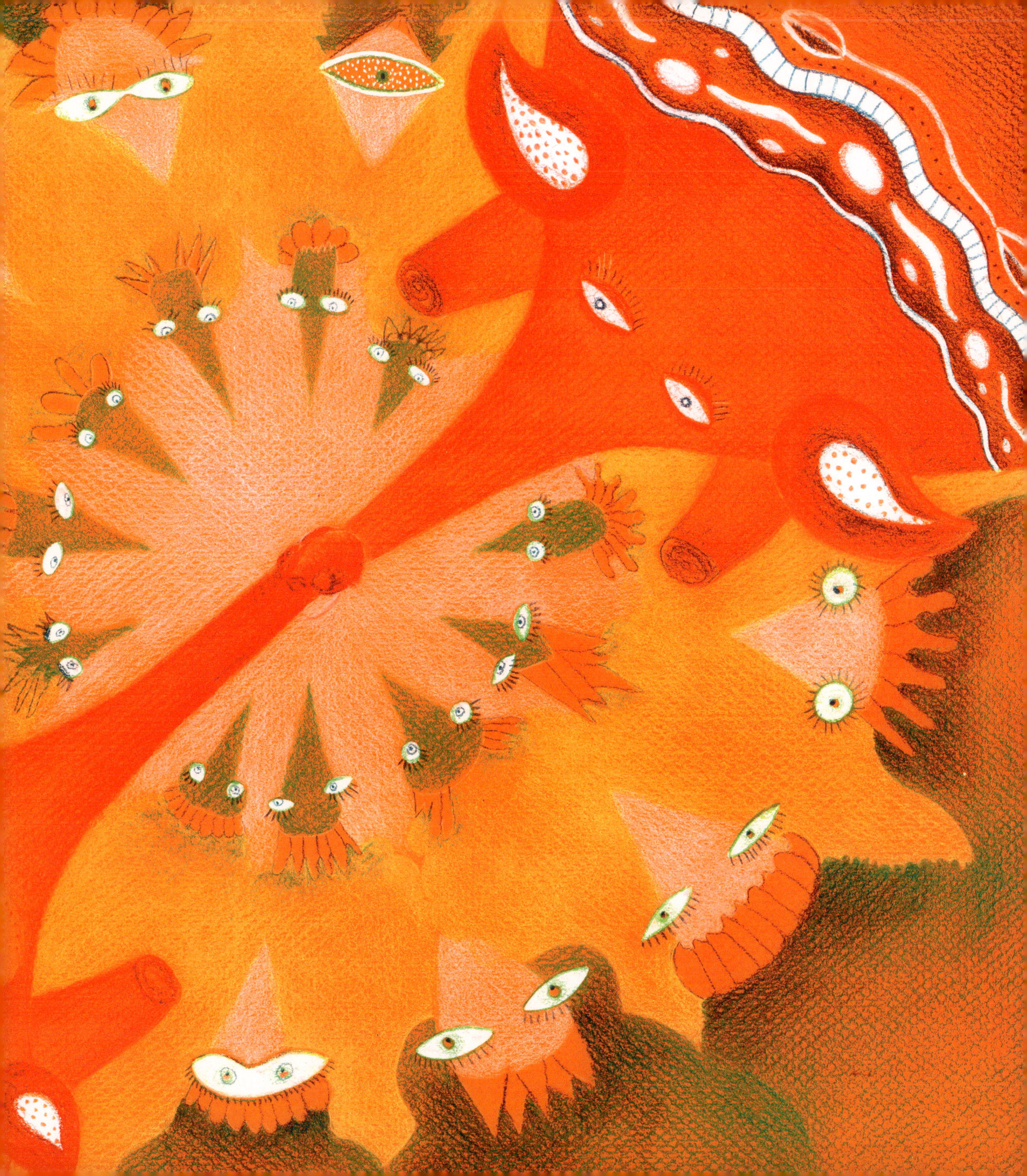

Alivio

Experimentamos alivio cuando nos liberamos de un peso, cuando dejamos de percibir una amenaza o cuando nos disculpamos. Por ejemplo, sentirás alivio al terminar un examen, al ver que un peligro se aleja o al reconocer un error.

El alivio significa que una sensación o situación desagradable ha terminado.

¿Cómo llega el alivio?

Suele venir acompañado de relajación.

Aliviadas las dificultades, reaparece la paz y nos sentimos tranquilos. Es el camino hacia la **serenidad**.

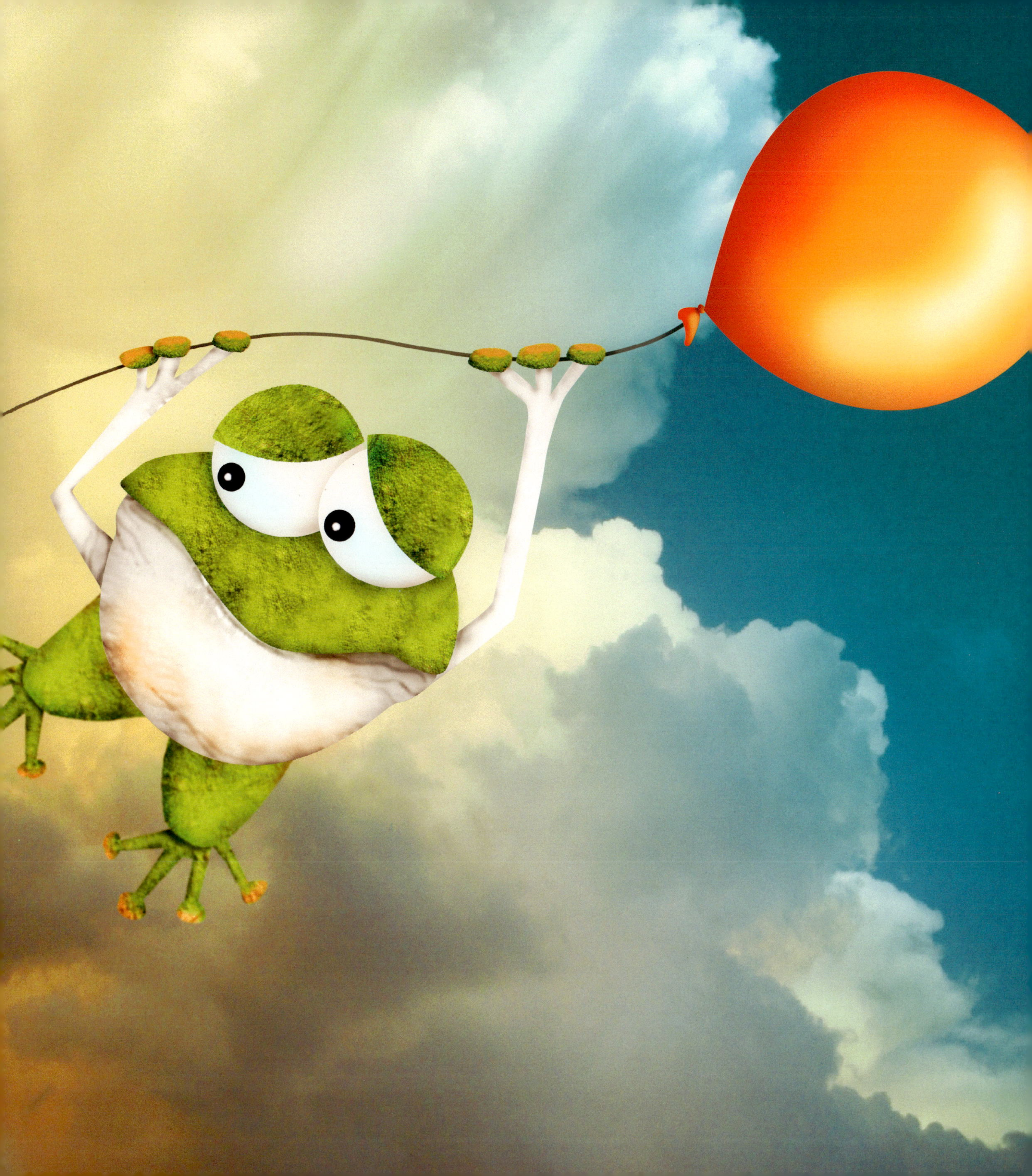

Serenidad

La serenidad es una sensación de calma y armonía. Nace en lo más profundo de tu ser y se extiende hasta llegar a tus ojos.

Una persona serena es tranquila, apacible y, además, pide las cosas con amabilidad y dulzura.

¿La serenidad ilumina la mente?

Sí. Lo hace a través de los ojos, otorgándote una visión especial. Un superpoder, con el que puedes ver más claro lo que sucede y lo que ha sucedido. Por eso, por ejemplo, se te pasa el enojo cuando descubres que algo no tenía realmente importancia.

Curiosamente, la serenidad se puede ejercitar como si fuese un músculo.

Y entrenarla ayuda a aumentar nuestra **felicidad**.

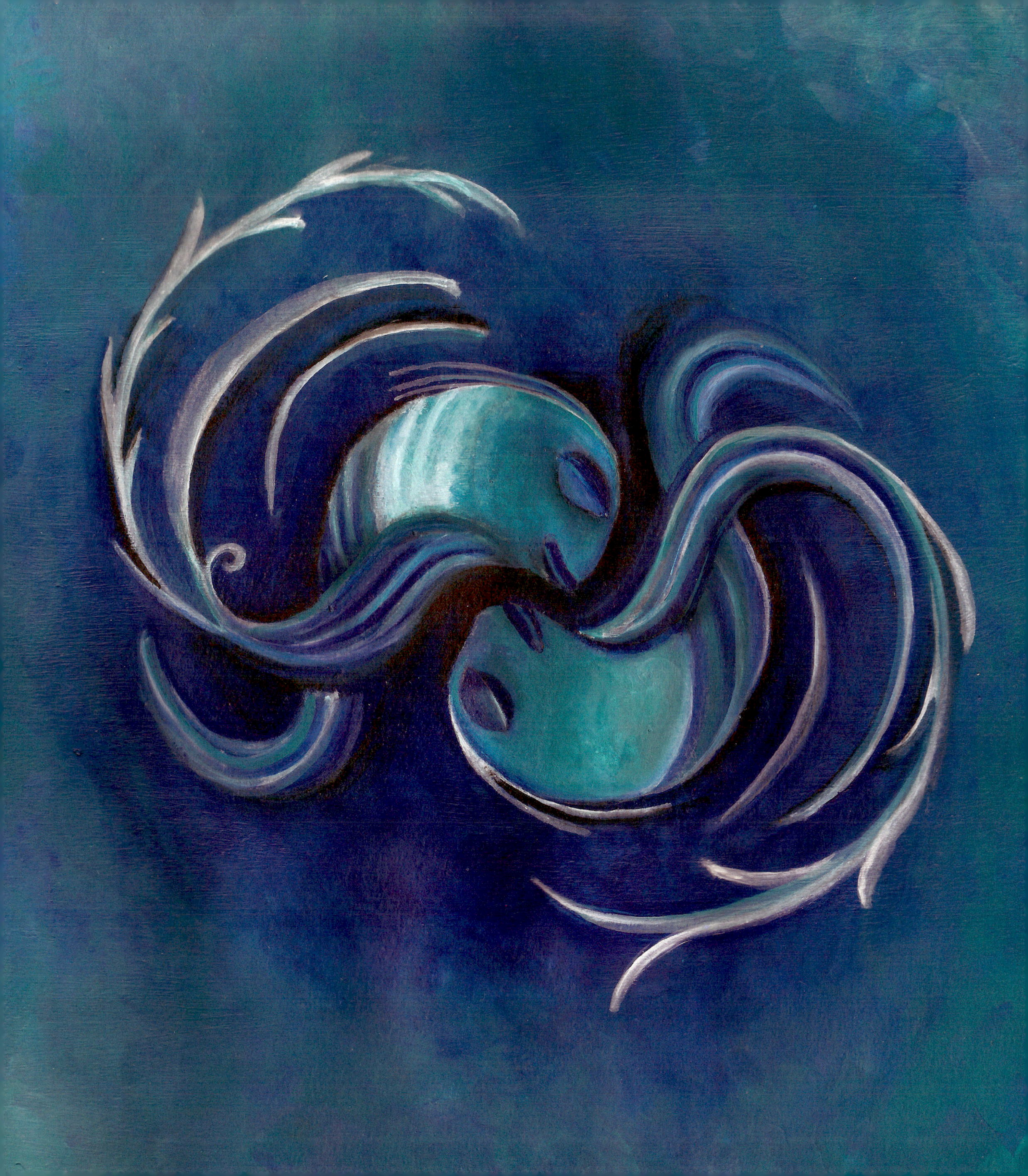

Felicidad

La felicidad es diferente para cada persona. Somos felices cuando hacemos lo que nos gusta, cuando disfrutamos de nuestras capacidades, de lo que podemos o sabemos hacer.

¿Qué te puede hacer feliz?

Plantar un árbol, encajar las piezas de un puzzle, hornear un pastel, hacer un mueble, escribir un poema, resolver problemas de matemáticas… Hay muchas actividades que te pueden hacer feliz, si las ves como una oportunidad para disfrutar.

La felicidad es una sensación de satisfacción hacia tu propia persona, no la confundas con la **alegría**.

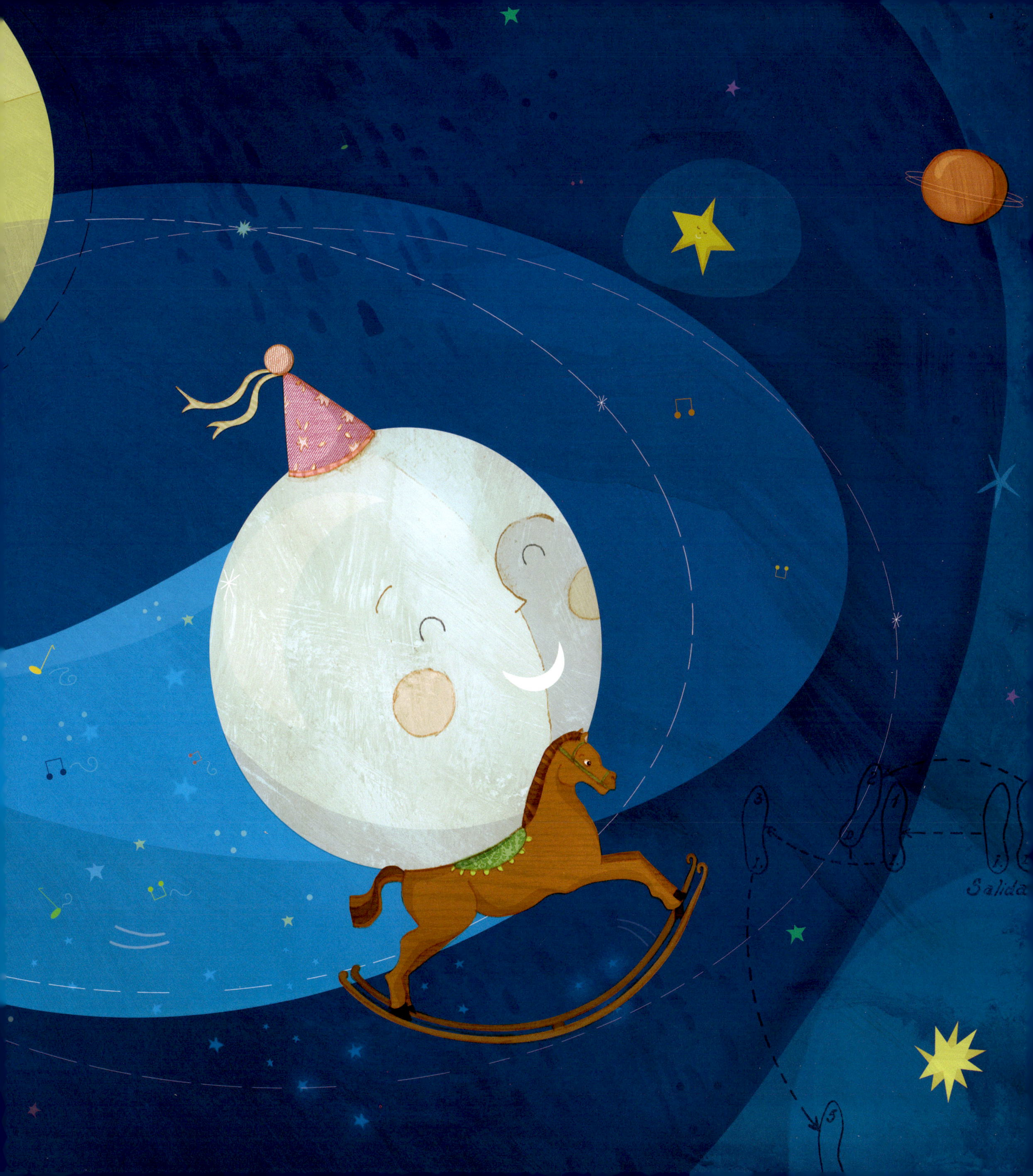
Salida

Alegría

Algunos la llaman 'júbilo', 'entusiasmo' o 'gozo'.

La alegría se origina por un motivo placentero y, por eso, es sumamente agradable.

A diferencia de la felicidad, la alegría es de corta duración. Sin embargo, uno puede tener muchísimos ratitos alegres durante el día.

¿Qué sucede en esos ratitos?

Te invade un placer juguetón. Tu energía aumenta y tu manera de pensar es más positiva.

Lo contrario de la alegría es la **tristeza**.

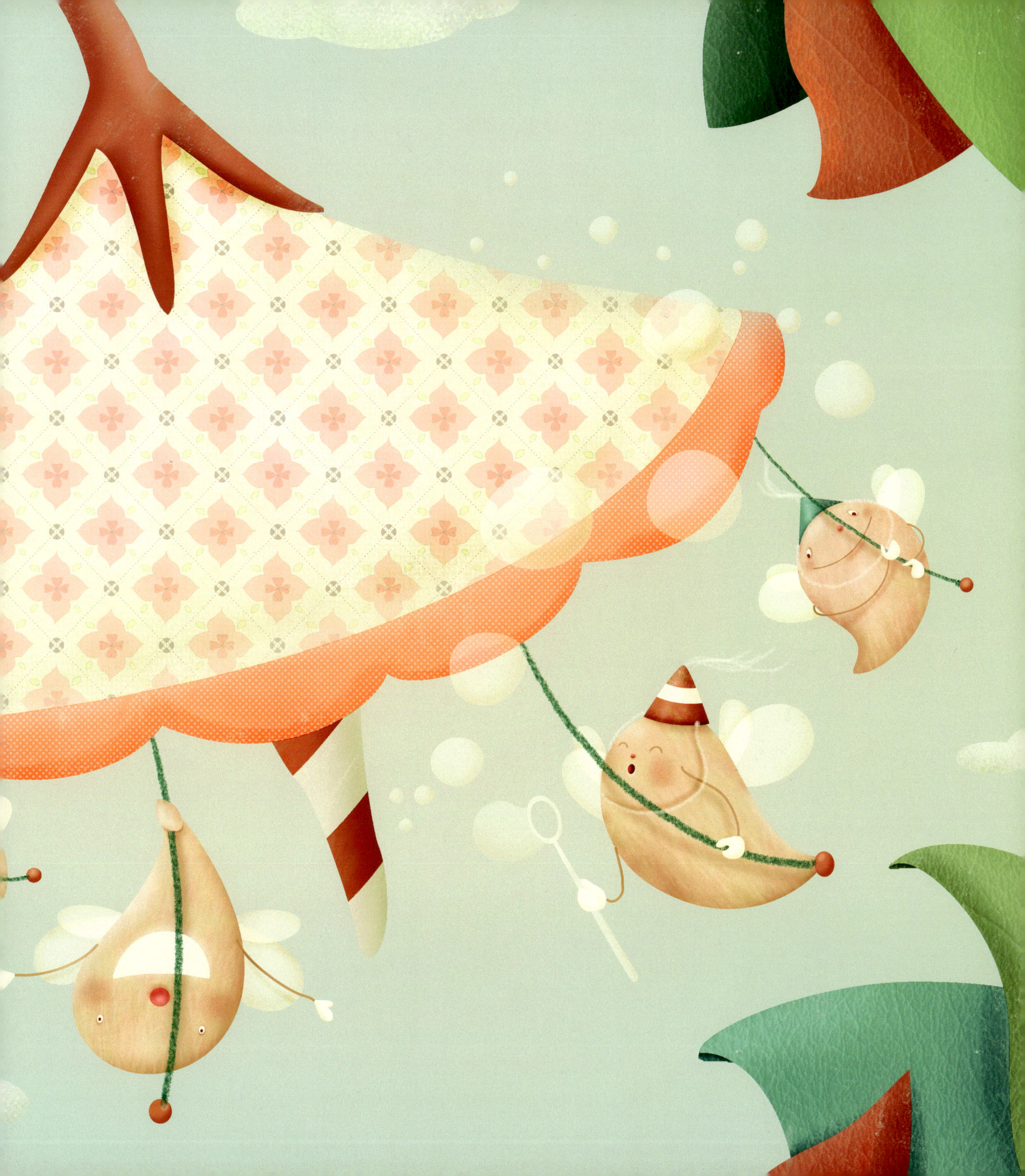

Tristeza

La tristeza es una caída de nuestra energía, de nuestro estado de ánimo. Cuando estamos tristes perdemos el apetito, las fuerzas, el deseo, el impulso, las ganas de vivir.

La tristeza es un velo que nos empaña la vida y la viste de gris.

¿Qué causa tristeza?

No a todas las personas las entristecen las mismas cosas. Sin embargo, es habitual sentir tristeza cuando nos decepcionan o cuando perdemos algo que era importante para nosotros. Imagina que debes mudarte a otra ciudad. Las nuevas perspectivas despertarán tu curiosidad, pero sentirás tristeza al pensar en los amigos que dejas atrás.

La tristeza es parte de la **compasión**.

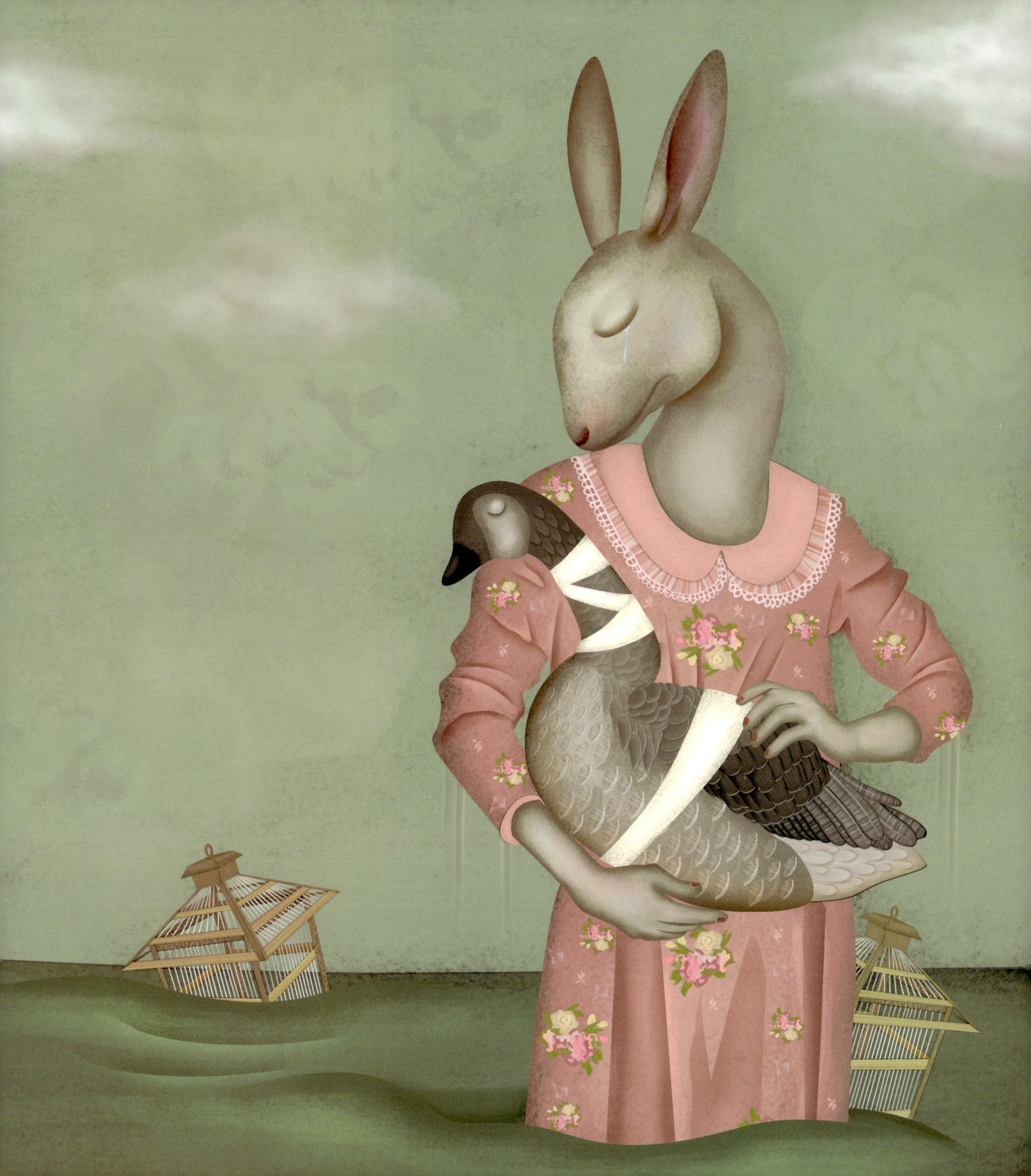

Compasión

Hay quienes la llaman 'conmiseración' o 'lástima'.

La compasión es la pena que nos provoca la desgracia de los demás.

¿A qué nos motiva la compasión?

Nos motiva a ayudar a quien está sufriendo. Puede ser un pariente o un desconocido. Incluso puede tratarse del personaje que habita en un libro, como un zorro que ha perdido a su familia. Eso nos despierta el deseo de abrazarlo para aliviar su tristeza.

Si un ser querido la está pasando mal y no lo ayudamos, es muy probable que entremos en el territorio del **remordimiento**.

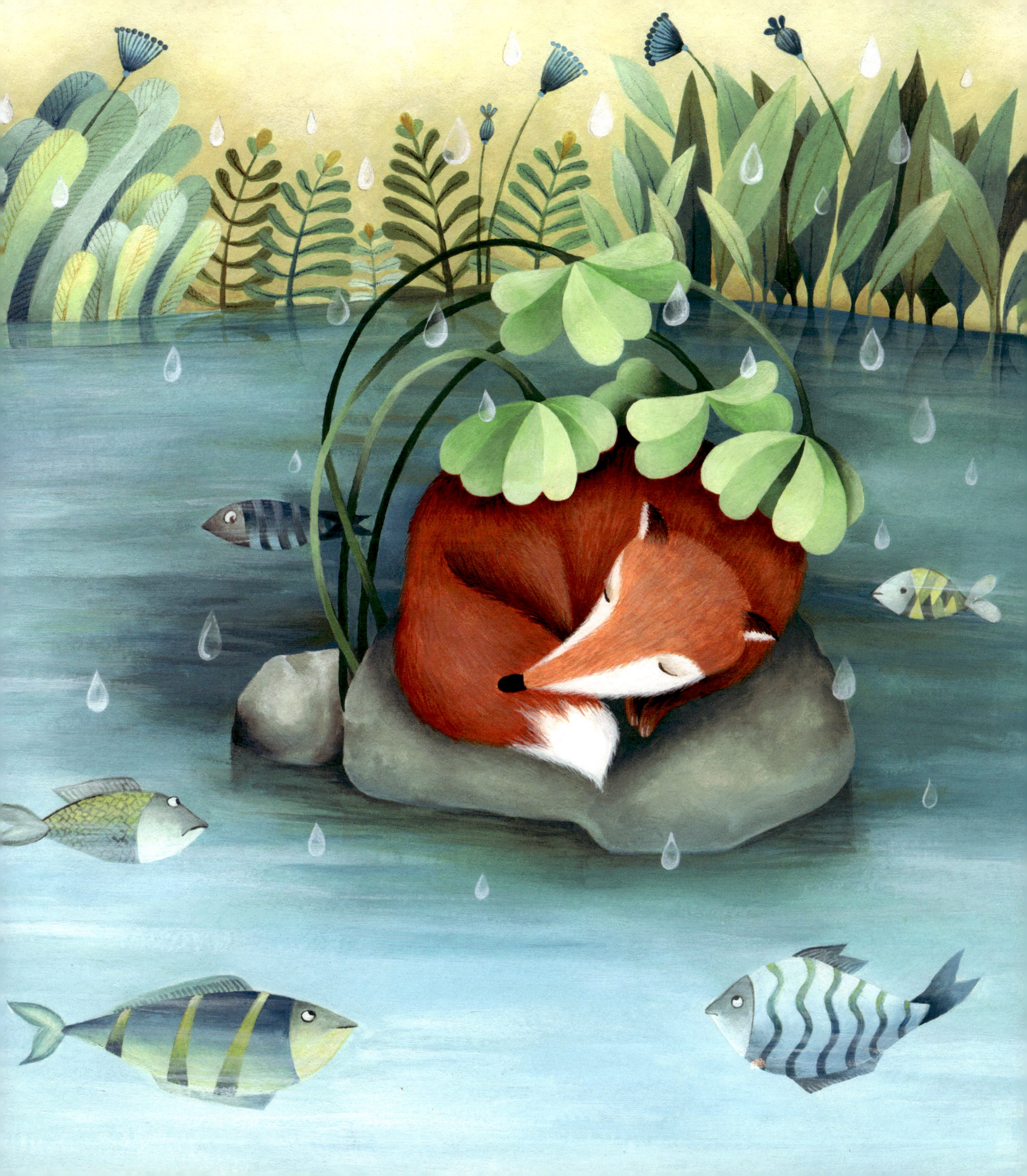

Remordimiento

Algunos lo confunden con el arrepentimiento.

El arrepentimiento es el malestar que podemos sentir ante cualquier acto, sea malo o no. En cambio, el remordimiento solo aparece cuando hemos realizado una mala acción.

Por ejemplo, podrías arrepentirte por haber dicho 'no' cuando tu hermano te ofreció unos chocolates… y, seguramente, sentirás remordimiento si le quitas unos cuantos sin que él se dé cuenta.

¿Qué estrategia emplea?

Una sencilla, pero efectiva. Se las ingenia para que no puedas dejar de pensar en eso malo que hiciste. Así, despierta en ti un malestar que, poco a poco, va creciendo.

Ese malestar que te remuerde es la **culpa**.

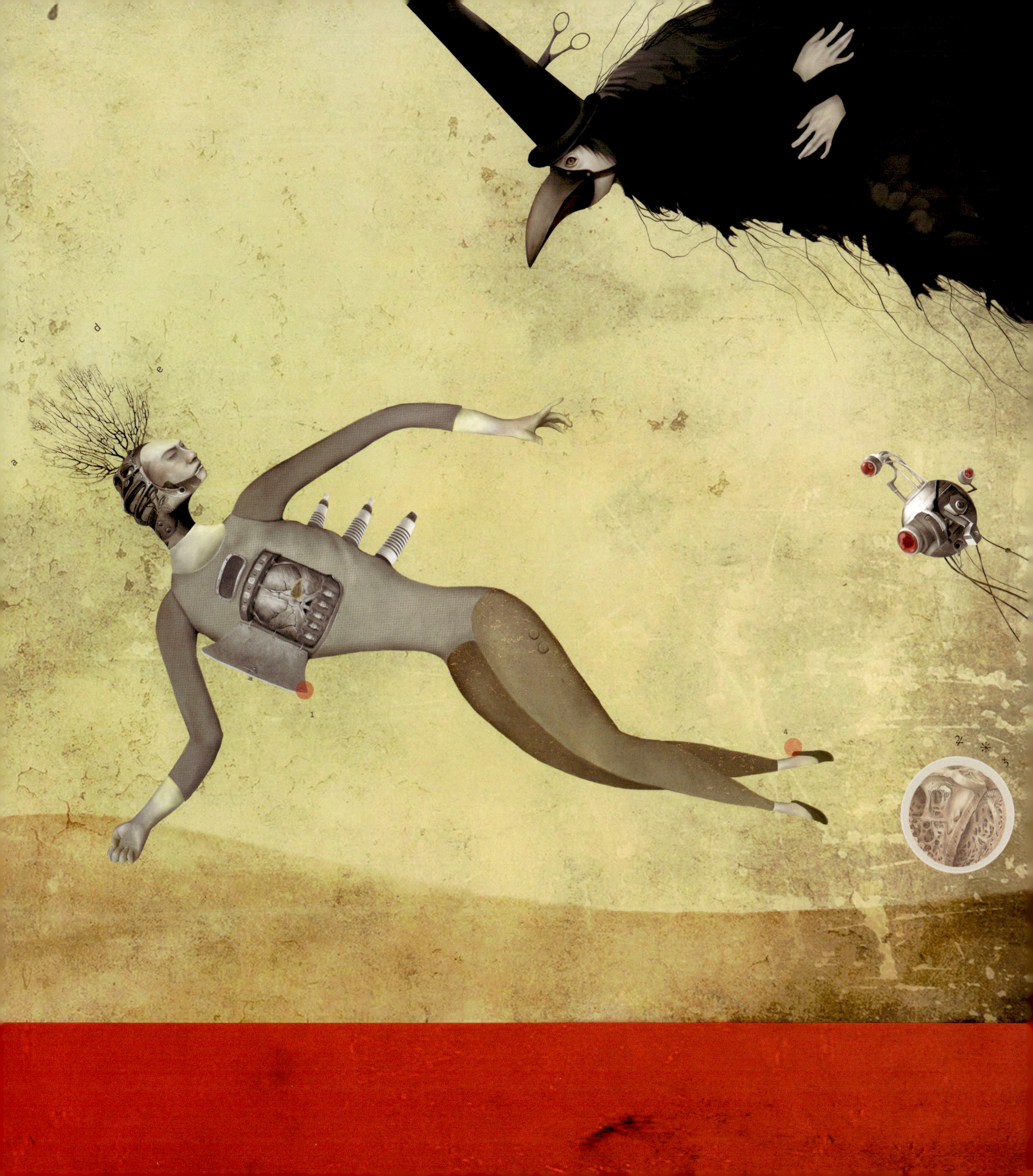

Culpa

La culpa nos invade cuando creemos que hemos hecho algo malo. Es el termómetro de nuestros actos: nos indica qué consideramos bueno y qué no. Además, nos permite evaluar nuestro comportamiento.

¿Se oye la culpa?

Cuando haces algo que sabes que no está bien, una voz interior te habla. Escúchala. Eres tú mismo, que te preguntas si te has comportado correctamente. Tú sabes qué cosas crees que son apropiadas, aunque a veces no quieras oírlo.

La culpa señala que somos responsables de nuestros actos y nos ayuda a juzgarlos. Si llegamos a la conclusión de que hemos cometido una falta, podemos experimentar **vergüenza**.

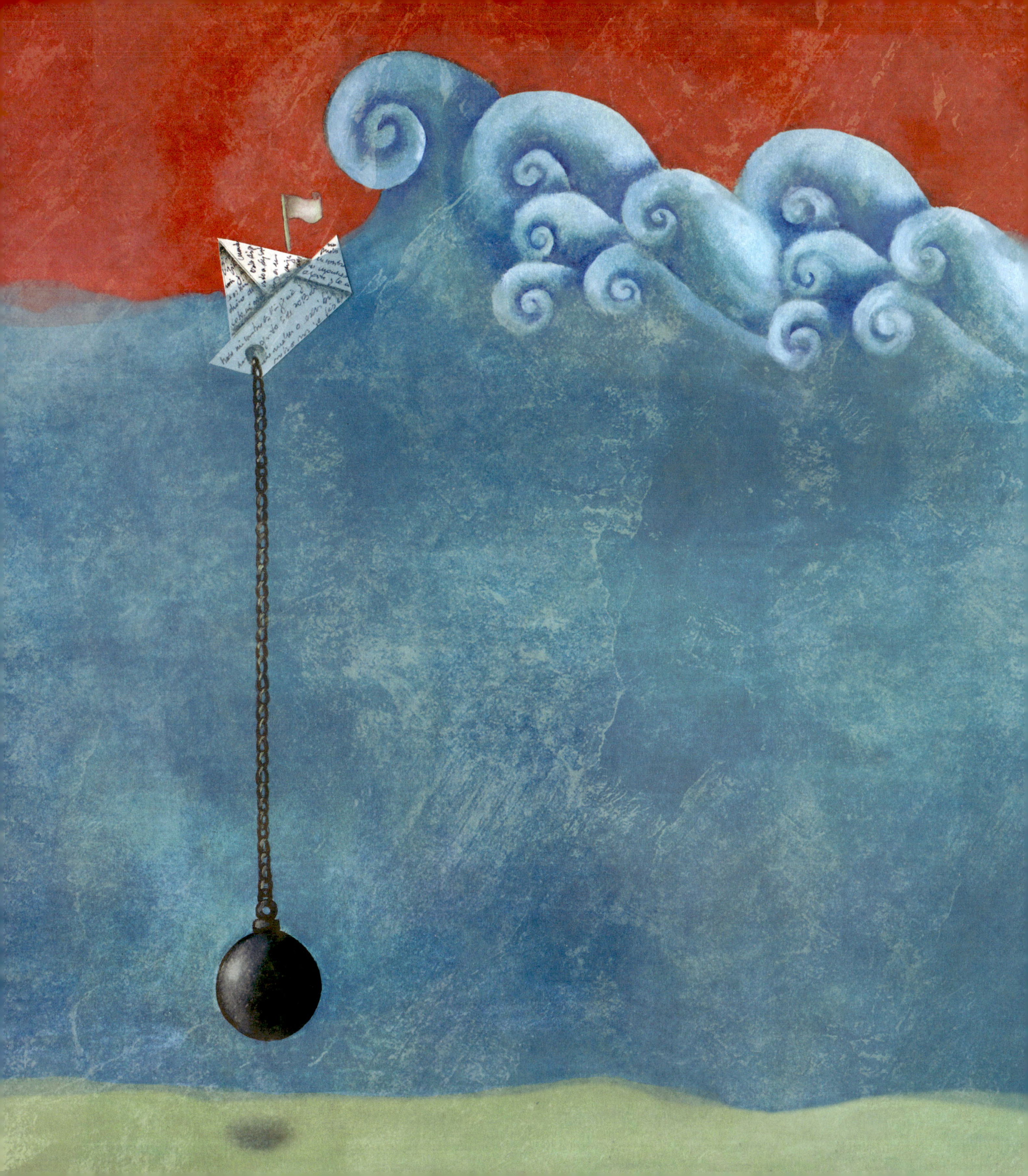

Vergüenza

La vergüenza aparece por sorpresa. La sientes cuando sabes que has cometido una falta o cuando crees que se van a burlar de ti.

Aunque parezca de cuento, es posible sentir vergüenza por lo que hace otra persona.

¿La vergüenza es discreta?

No. La vergüenza, por desgracia, es muy indiscreta. Tiene la manía de decirles a los demás que eres consciente de tu falta: hace que tu rostro enrojezca.

Que los demás sepan que estás avergonzado puede provocarte, además, **inseguridad**.

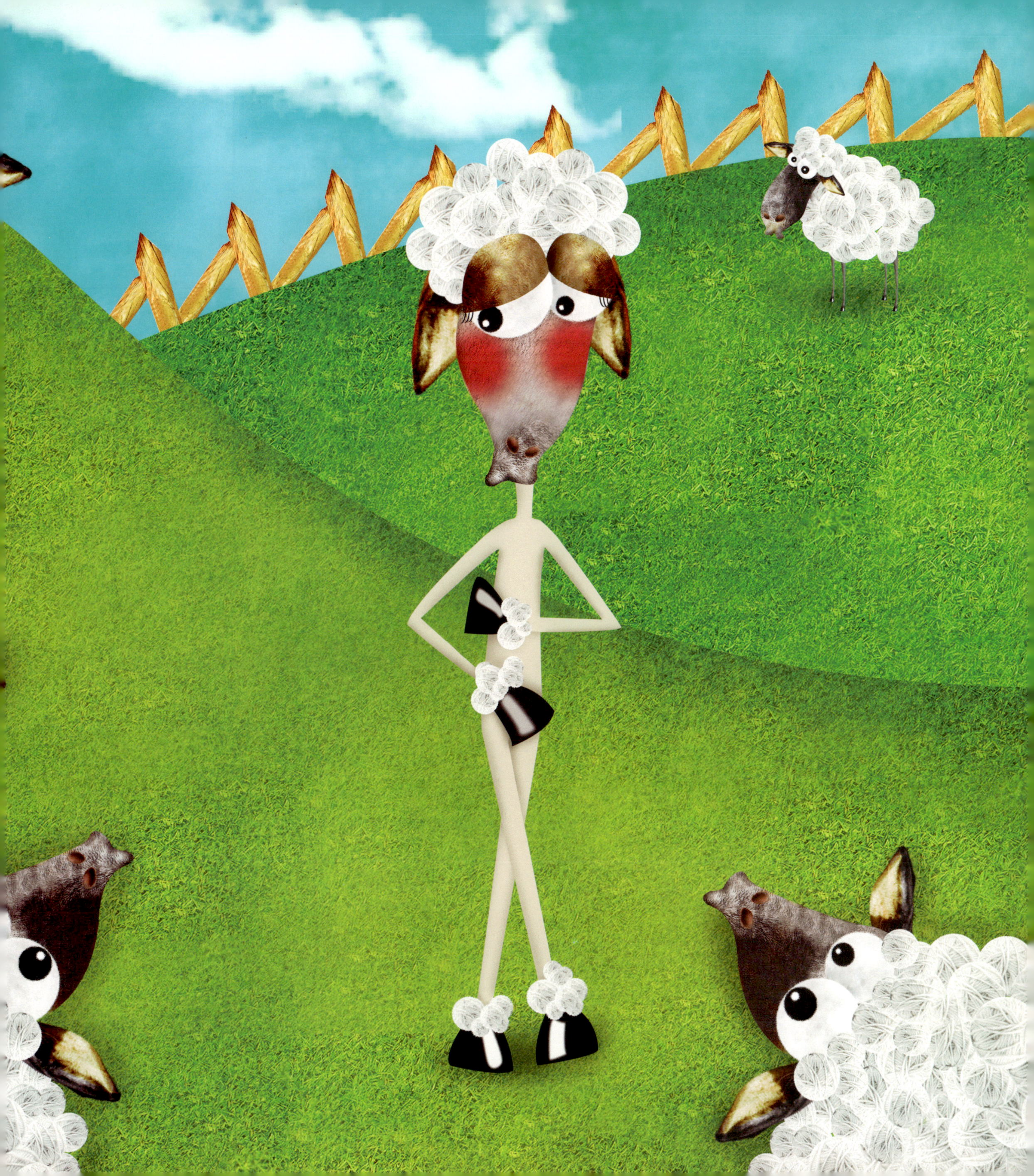

Inseguridad

La inseguridad es una falta de confianza. Puede faltarnos confianza en nosotros mismos o en los demás.

Imagina que vas en un velero y el mar está muy agitado. Si no crees que puedes nadar bien, te sentirás inseguro. Si no confías en el capitán del barco, también.

¿Qué ocurre cuando te sientes inseguro?

Cuando sientes inseguridad, adoptas mecanismos para defenderte. Si no estás seguro de tu capacidad para nadar, manotearás muchísimo (aunque no sea necesario). Si no confías en un amigo, querrás aislarte para sentirte a salvo.

A veces, por inseguridad, actuamos con **timidez**.

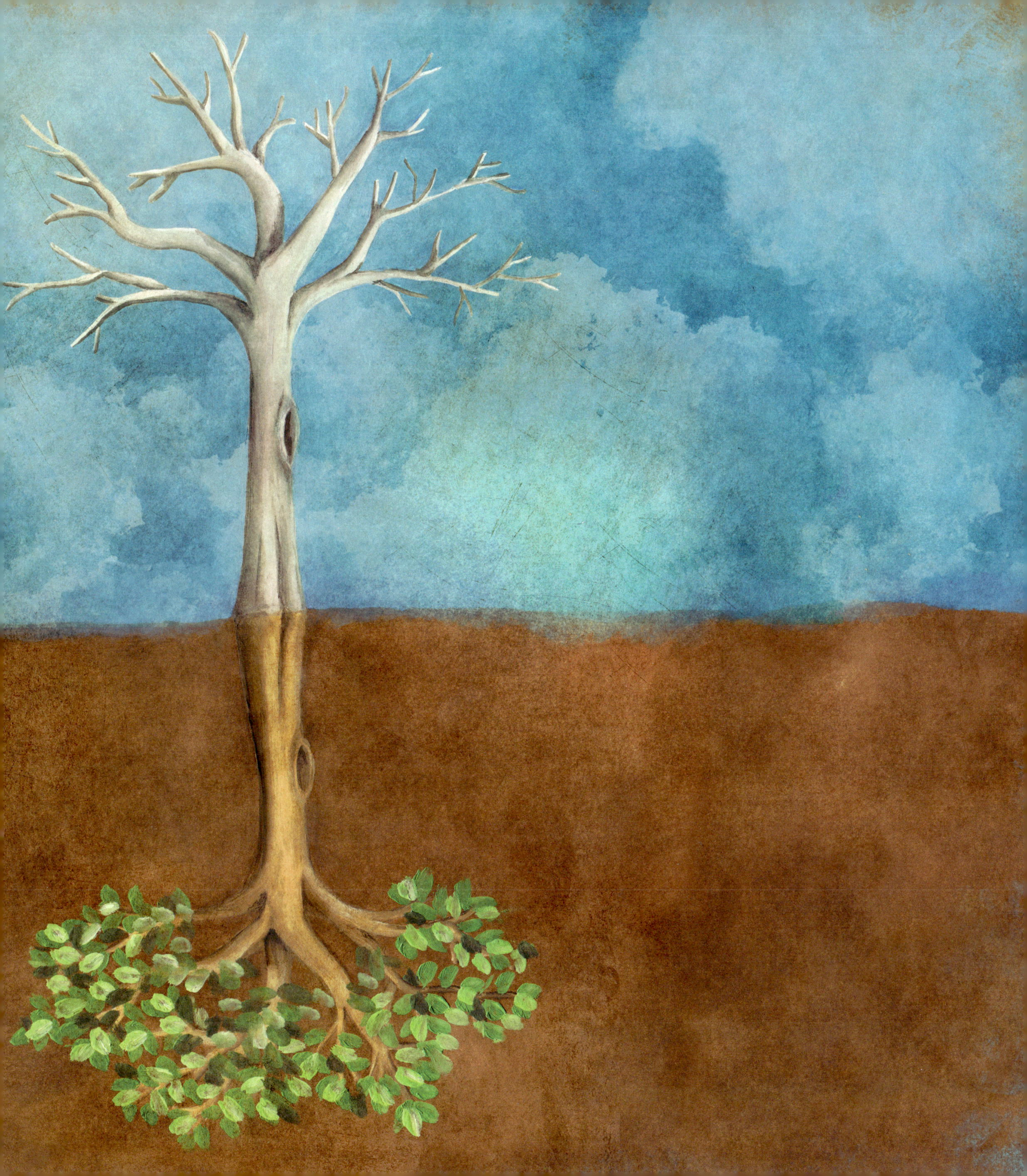

Timidez

La timidez es un bloqueo que nos impide comportarnos con naturalidad. Nos suele dominar cuando estamos ante personas extrañas, no confiables o amenazadoras.

¿Qué siente una persona tímida?

Una persona tímida se siente incómoda y torpe. Entonces, por miedo a equivocarse, deja de hablar, de moverse… e intenta pasar desapercibida.

Imagina que tienes que quedarte una noche en casa de unos vecinos mayores. Aunque ellos sean cariñosos contigo, es posible que tú te quedes callado en un rincón del sofá. No te sientes espontáneo. Incluso es posible que te invada la **confusión**.

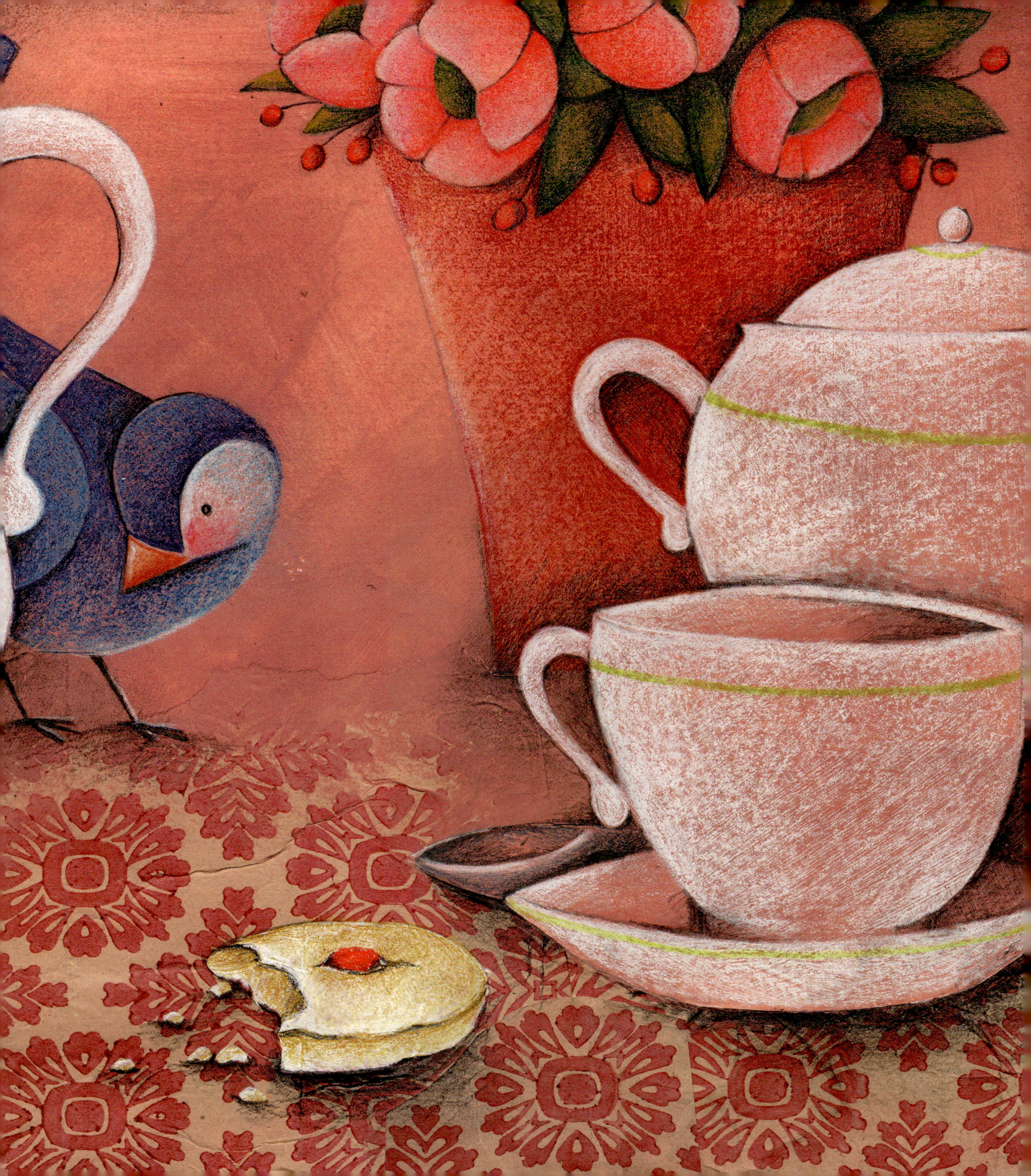

Confusión

La confusión es una mezcla desordenada de sentimientos. Imagina que tu gatito ha hecho pis en tu juguete favorito: quizás sientas ira, pero puede que también ternura.

Experimentamos confusión ante un desorden o una mezcla que no comprendemos del todo. Y eso nos paraliza. ¿Siento ira o ternura? Siento admiración y tristeza a la vez. ¿Será envidia?

¿Cómo saber si estás confundido?

Si estás confundido, no sabrás exactamente qué te ocurre. Tranquilo, a todos nos pasa en algunas ocasiones: intenta averiguar de qué emociones se compone tu confusión.

La confusión, imprevisible y caótica, puede llevar al **miedo**.

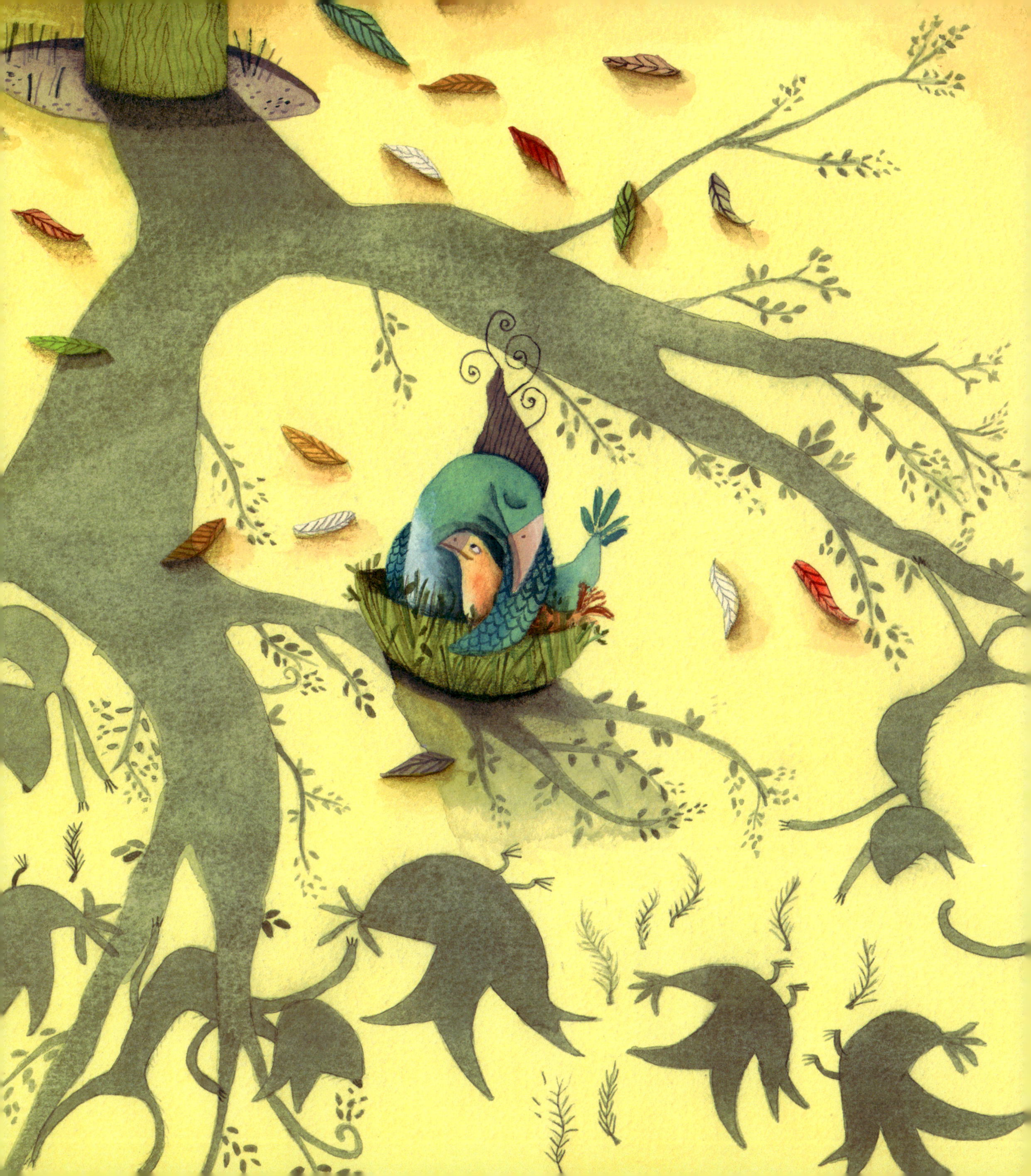

Miedo

También conocido como 'temor'.

El miedo aparece cuando crees que vas a sufrir un daño.

Si el miedo crece muchísimo, se convierte en terror y entonces pierdes el control. El miedo puede servirte para estar alerta ante el peligro, pero el terror te paraliza y no te deja pensar.

¿Qué sucede cuando sientes miedo?

Tus ojos se agrandan para que veas mejor. Además, el corazón envía más sangre a las piernas para que puedas huir. Por ejemplo, si te está persiguiendo un dragón.

Se puede sentir miedo ante lo desconocido, pero también **asombro**.

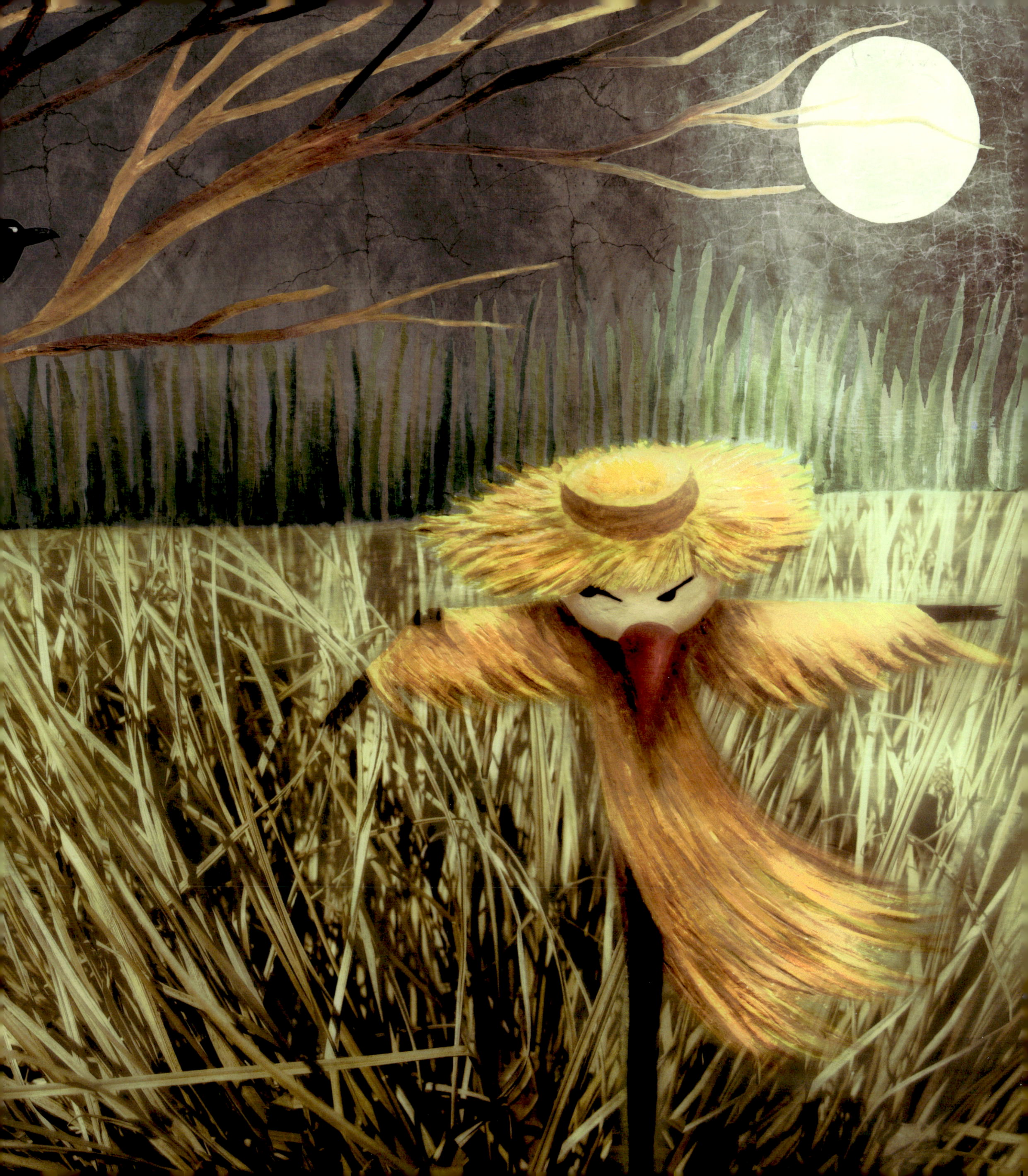

Asombro

Experimentamos asombro cuando algo que creíamos imposible demuestra ser cierto.

El asombro nos dice que el mundo es un lugar por descubrir, que hay espacio para lo desconocido, para la magia. Nos muestra que estamos rodeados de personas y cosas fascinantes.

¿De dónde viene el asombro?

El asombro viene de la inocencia y de la curiosidad. Cuando te asombras, primero crees que algo no es posible. Luego, ves que es realizable y te sientes maravillado. Entonces, te preguntas: '¿Cómo puede ser?'.

El asombro, acompañado de una sensación de rechazo, puede convertirse en **asco**.

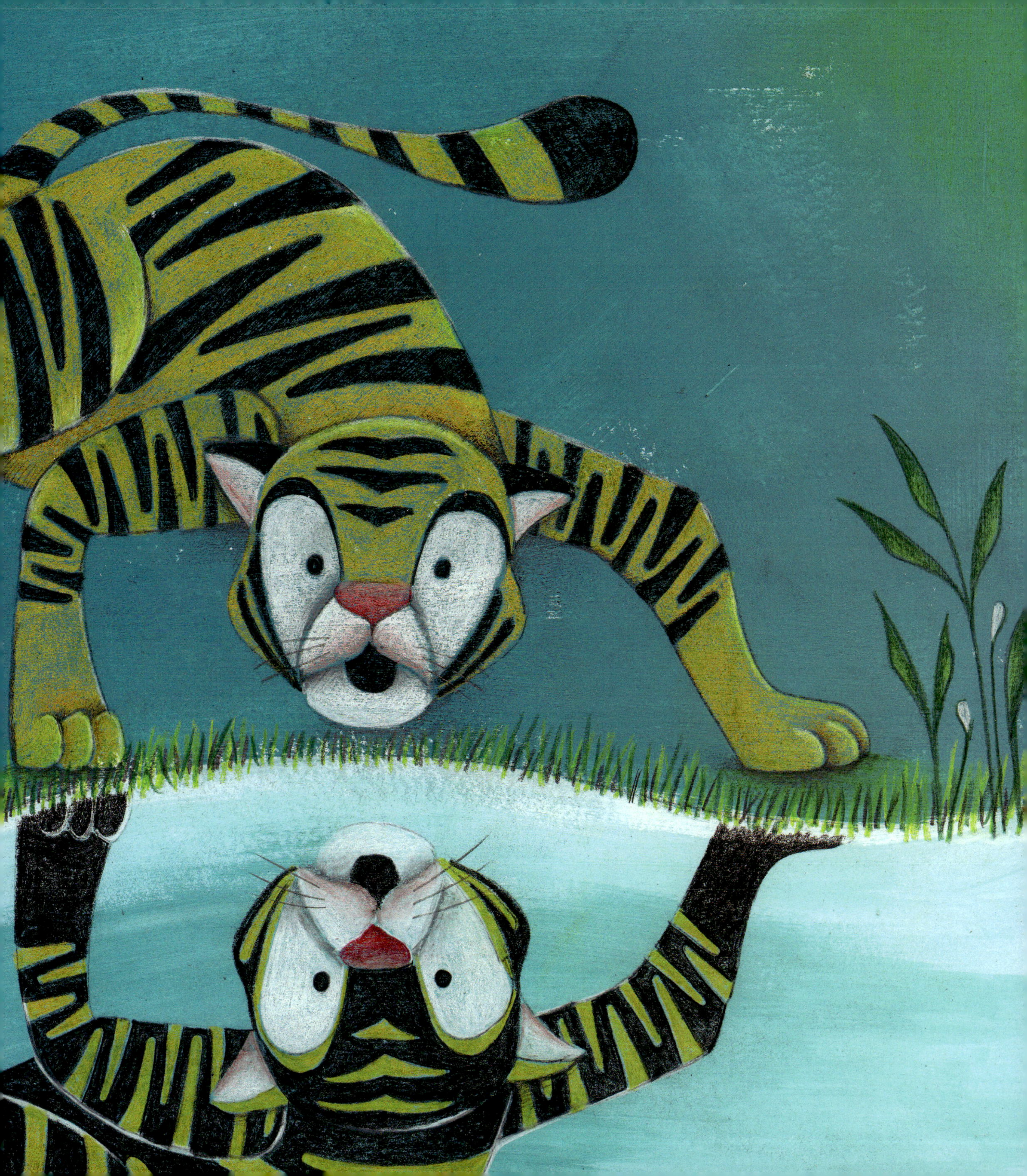

Asco

Es el desagrado que nos causa algo que consideramos repugnante.

Si investigas sobre tu infancia, sabrás que de bebé hacías cosas que ahora te daría asco repetir. Por eso, sería interesante que te preguntaras: ¿Hay cosas asquerosas o yo he cambiado mis gustos?

¿A todos nos da asco lo mismo?

Todo el mundo siente asco hacia algo, pero ese algo es distinto en cada familia y en cada lugar, porque lo aprendemos de quienes nos rodean.

Imagina que una familia de otra cultura te ha invitado a su casa a cenar. Para demostrarte su aprecio, te ofrecen su comida más sabrosa: ensalada de insectos. Manifestar tu asco podría despertar su **hostilidad**.

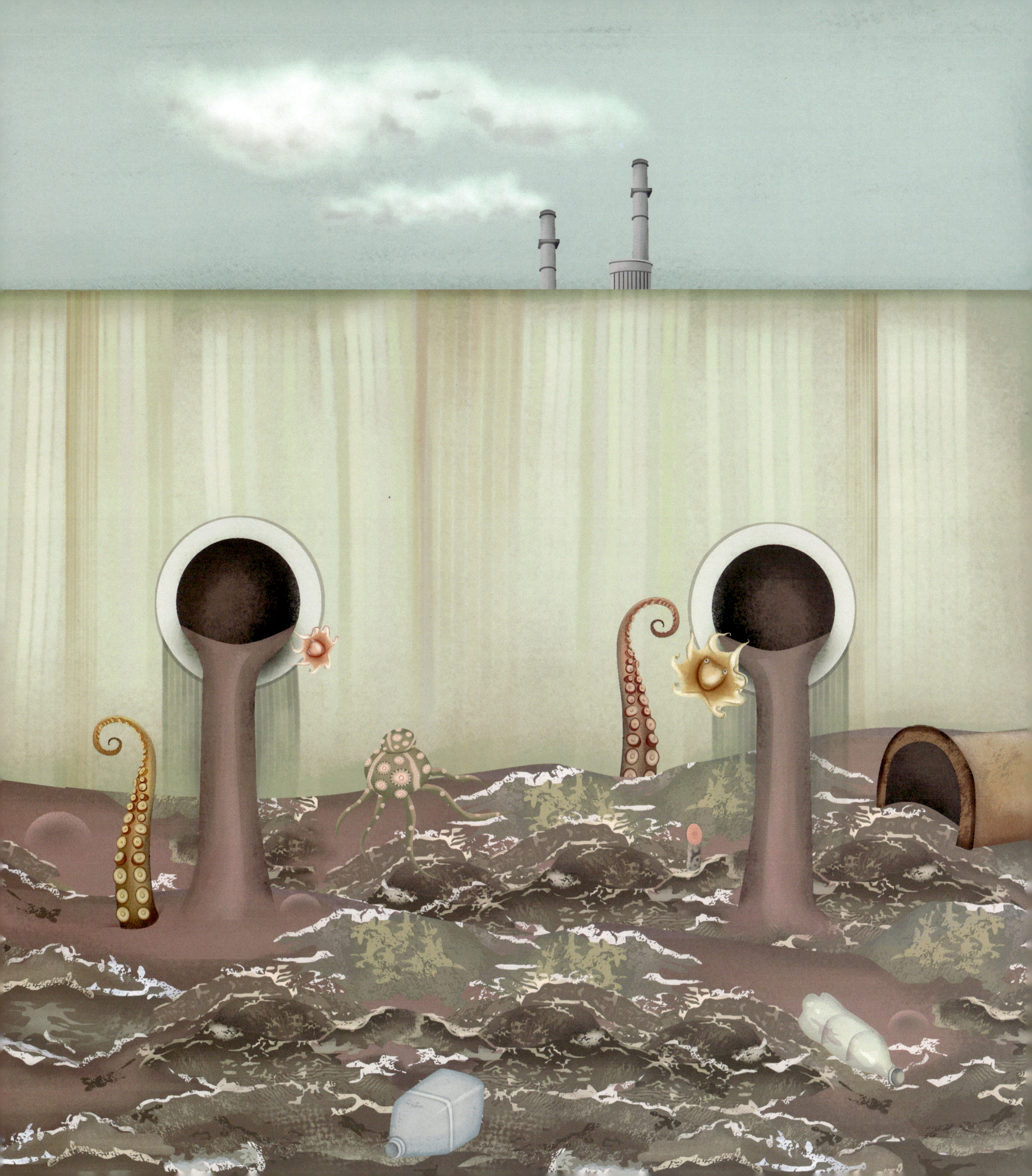

Hostilidad

Sentimos hostilidad cuando alguien se opone a nosotros o a nuestros deseos. Por ejemplo: tú deseas a toda costa salir a jugar al parque, pero tus padres no te dejan.

Cuando sentimos hostilidad, deseamos llevar la contra. Si alguien dice: 'Blanco', yo diré: 'Negro'. Si alguien dice: 'Me gusta la piña', responderé: 'Yo la detesto'.

¿Adónde conduce la hostilidad?

La hostilidad nos conduce a rechazar a la otra persona; sentimos deseos de incomodarla, atacarla, molestarla…

Si en vez de ser hostiles con alguien lo admitimos en nuestra vida, estamos desarrollando nuestra **aceptación**.

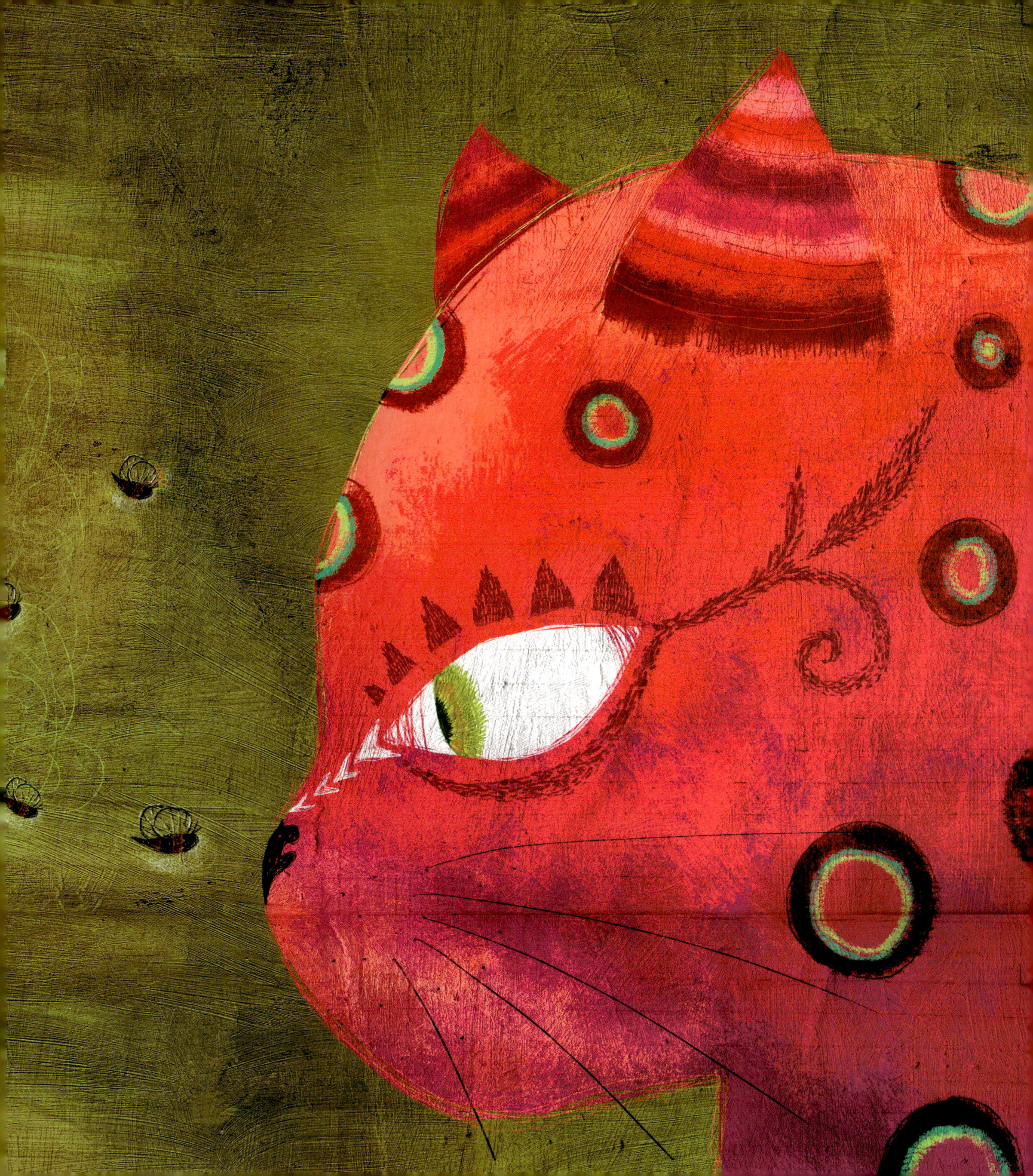

Aceptación

Sentimos aceptación cuando nos quieren tal como somos, con nuestras virtudes y con todo aquello que tengamos que mejorar.

También sentimos aceptación cuando los demás reconocen y valoran nuestras capacidades y acciones.

¿Qué gestos nos transmiten aceptación?

Los aplausos, las palabras cálidas, una sonrisa, un abrazo y cualquier otro gesto cuyo fin sea mostrarnos aprecio.

La falta de aceptación hace que nos sintamos **incomprendidos**.

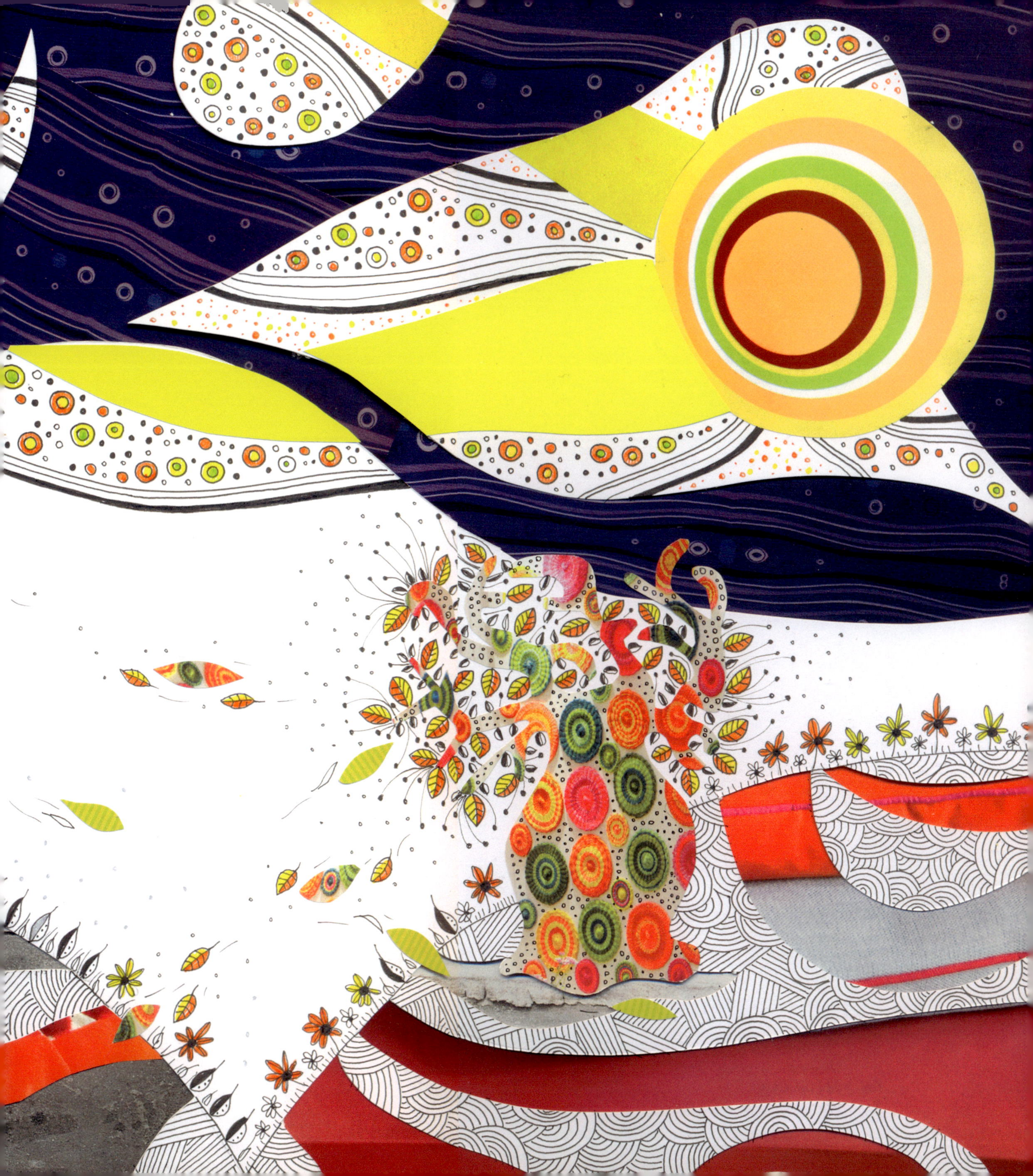

Incomprensión

La incomprensión nace de la falta de entendimiento con el otro. Intentamos explicar algo que nos ocurre o que pensamos, pero la otra persona no nos entiende.

En ocasiones, nos sentimos incomprendidos porque algo que hacemos no concuerda con la opinión de los demás. No te preocupes, piensa en Leonardo de Vinci y en otros genios: todos tuvieron que enfrentarse a la incomprensión. Su pensamiento no coincidía con la época en que vivían.

¿Cómo surge la incomprensión?

La incomprensión surge de un desajuste entre cómo ves tú el mundo y cómo creen los demás que lo ves. Es una mezcla de frustración y **desamparo**.

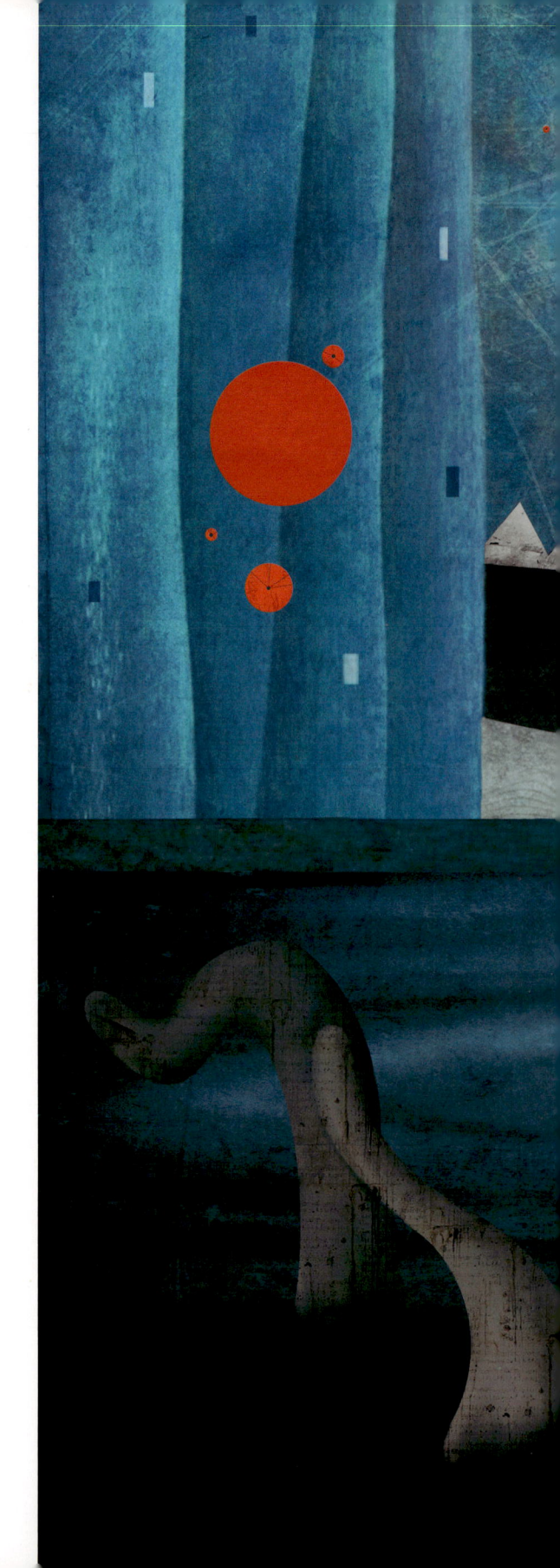

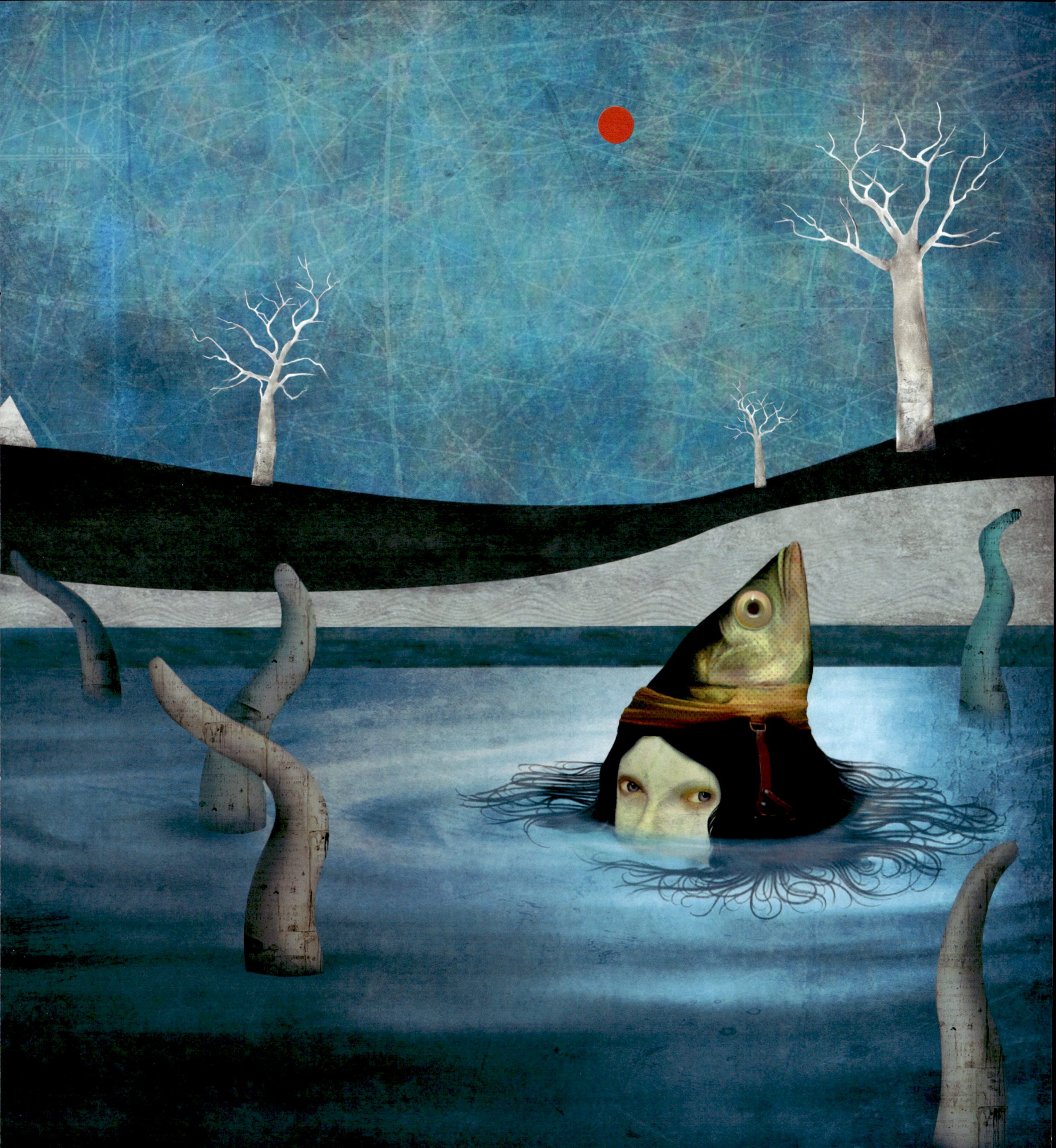

Desamparo

El desamparo te inunda cuando te ves desprotegido, cuando no puedes contar con el apoyo de nadie.

Es una sensación de pesar y tristeza.

Ocurre, por ejemplo, si tus amigos no te respaldan, o te abandonan.

¿Qué crees al estar desamparado?

Que si pides ayuda, nadie acudirá en tu auxilio.

Puedes estar rodeado por mucha gente, pero si no tienes el amparo de nadie, terminas sintiéndote **solo**.

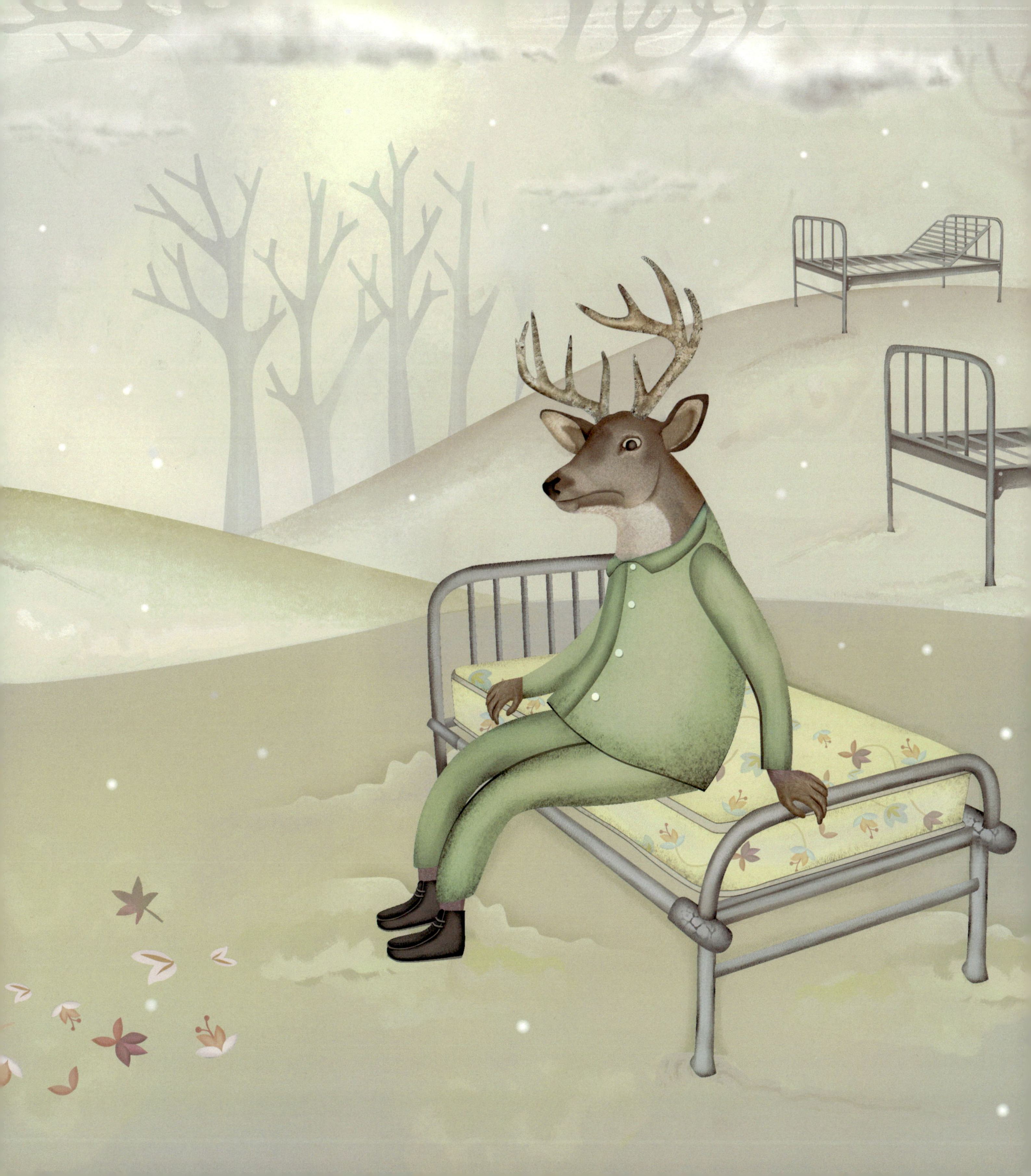

Soledad

La soledad es la ausencia de compañía. Resulta muy práctica, por ejemplo, si no quieres que te molesten. Pero puede ser angustiante si crees que no tienes a quién acudir o con quién compartir las cosas.

¿Es posible sentirse solo estando con gente?

Sí. Cuando no puedes contar con las personas que te rodean o cuando estas te dejan de lado. Imagina que tus amigos hablan de una película que tú no has visto. Si no puedes participar en la conversación, quizás te sientas solo.

Para vencer la soledad es muy importante comunicarse.

Si extrañas los momentos en que no estabas solo, experimentas **nostalgia**.

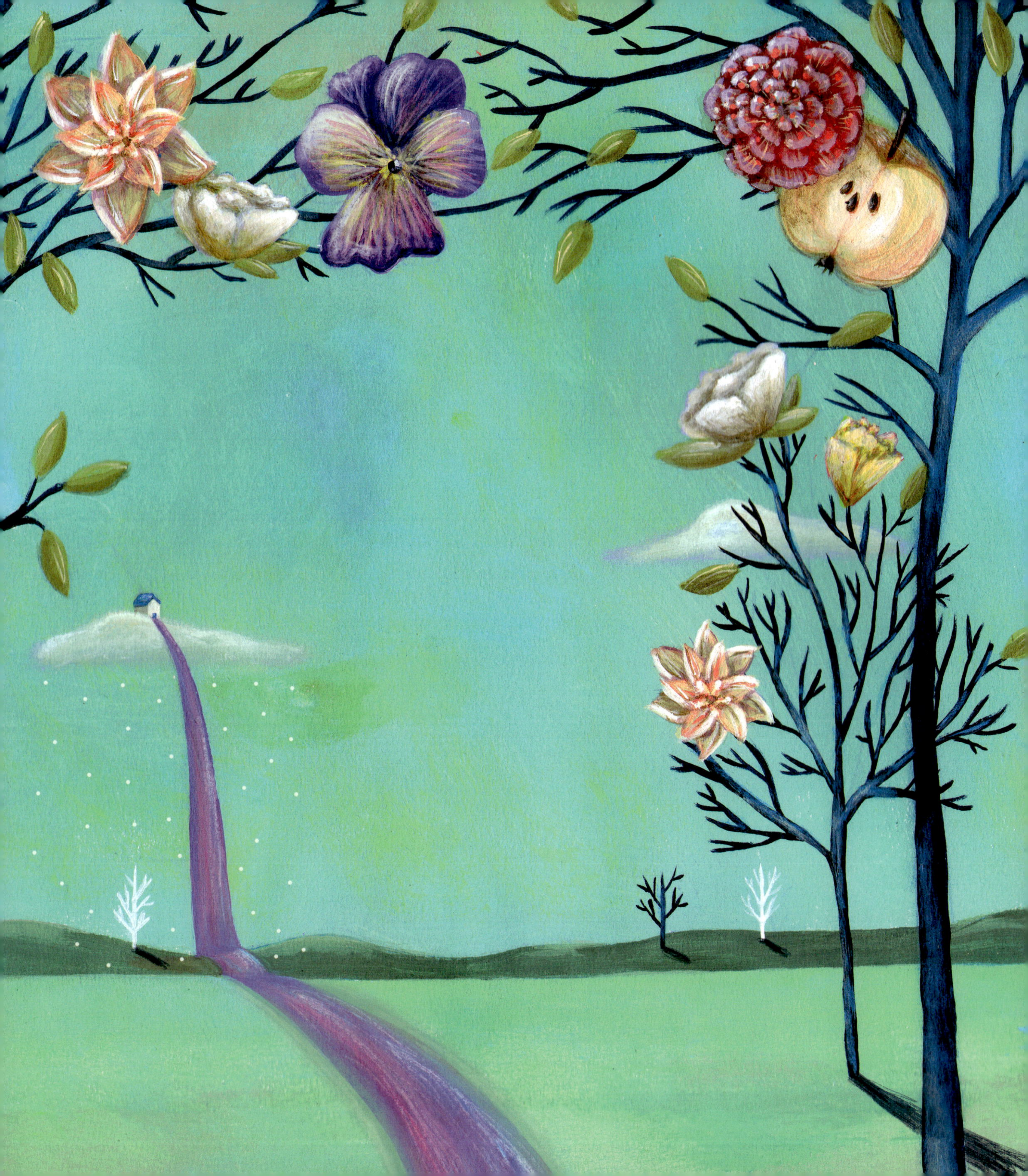

Nostalgia

La nostalgia nos genera un vacío en el corazón y, casi al mismo tiempo, lo llena con gotitas de pena.

Cuando estamos nostálgicos, sentimos que alguien, o algo, nos falta: un amigo, un familiar, un lugar, un juguete. Al instante, esa ausencia nos entristece.

¿Cómo identificarla?

Si sentimos tristeza al recordar.

Cuando la nostalgia se hace parte de tu día a día, terminas siendo presa de la **melancolía**.

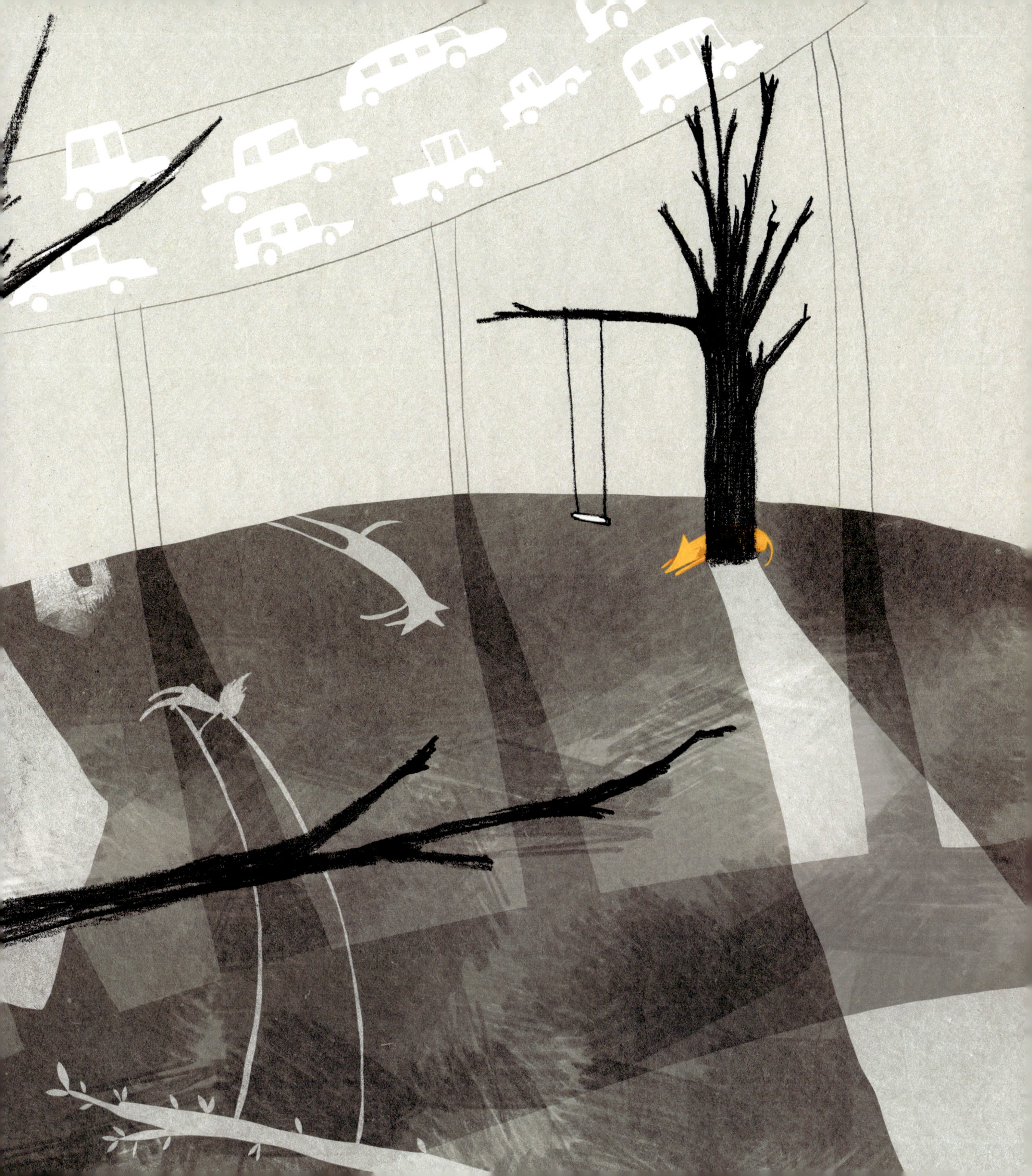

Melancolía

La melancolía es una forma acentuada de la nostalgia. Cuando estamos melancólicos, sentimos que el mundo en el que desearíamos vivir es un lugar lejano, difícil de alcanzar.

¿Cuándo aparece la melancolía?

La melancolía suele hacerse presente ante los cambios. En ese caso, vemos con resignación y con tristeza que una diversión o un momento agradable está a punto de concluir. Por ejemplo, cuando termina la tarde del domingo.

El placer del melancólico consiste en flotar en su propia melancolía, sin hacer nada más. Si ese placer se evapora, surge el **aburrimiento**.

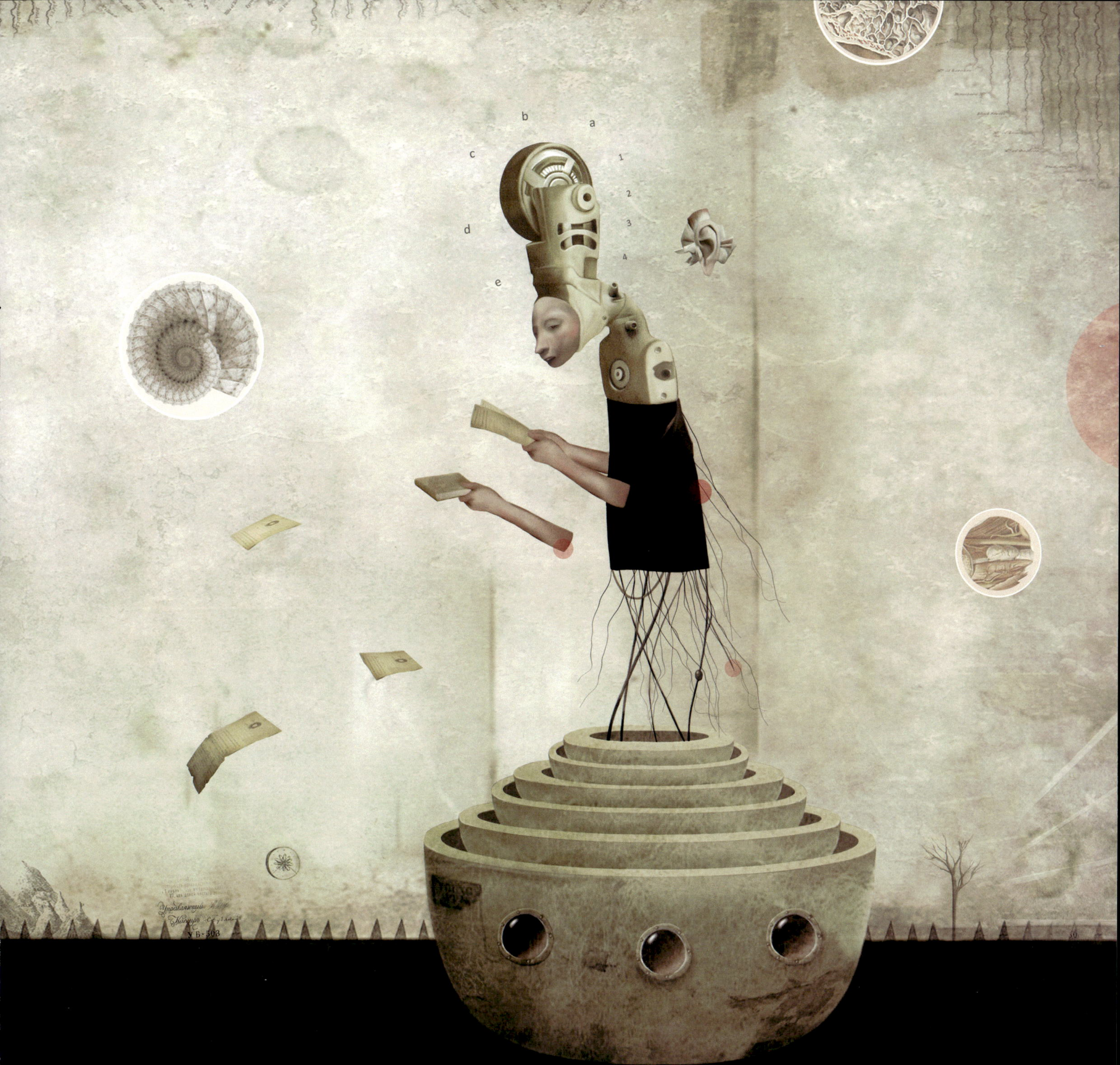
b a
c
1
2
d
3
4
e

Aburrimiento

También llamado 'hastío' o 'desgano'.

El aburrimiento es una mezcla de fastidio y cansancio que surge cuando no hacemos nada o cuando lo que hacemos no nos satisface.

Es un parásito que devora nuestra capacidad para pasarla bien.

¿Qué relación hay entre el aburrimiento y el tiempo?

Cuando nos aburrimos, el tiempo parece ir más lento. Se estiiiiiiira.

Un antídoto contra el aburrimiento es jugar a lanzar ideas que nos despierten la **ilusión**.

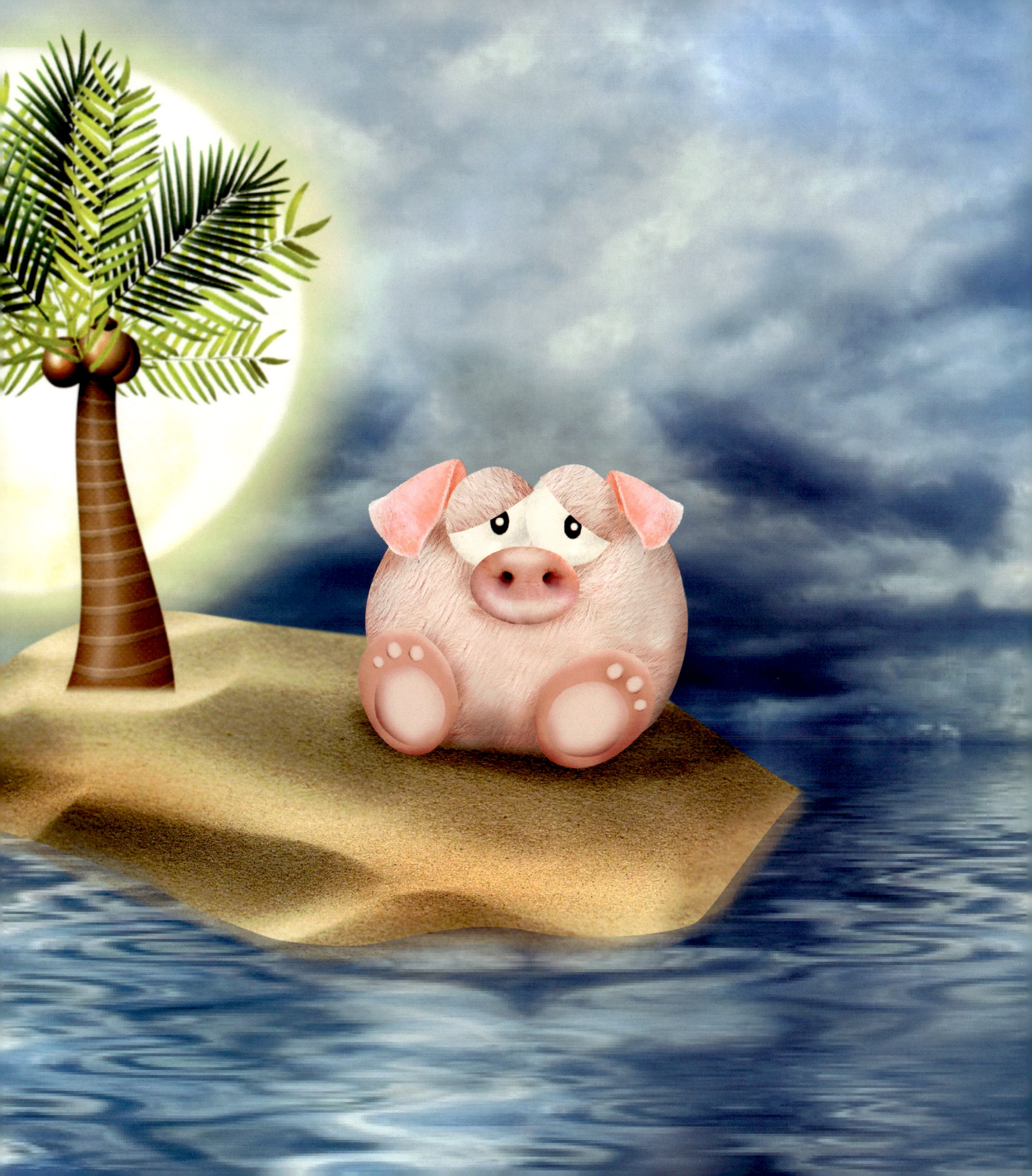

Ilusión

La ilusión es la esperanza de que se cumplirá algo que deseamos. Tener ilusiones es una de las mejores maneras para disfrutar de la vida y hacer las cosas con energía.

¿Las cosas tienen ilusión o nosotros ponemos ilusión a las cosas?

Podemos ponerle ilusión a casi todo: a tener un hermano, a celebrar nuestro cumpleaños, a ir al colegio, a jugar con los amigos… La ilusión es un ingrediente con el que le damos sabor a la vida.

Cuando estamos ilusionados, se activa el **entusiasmo**.

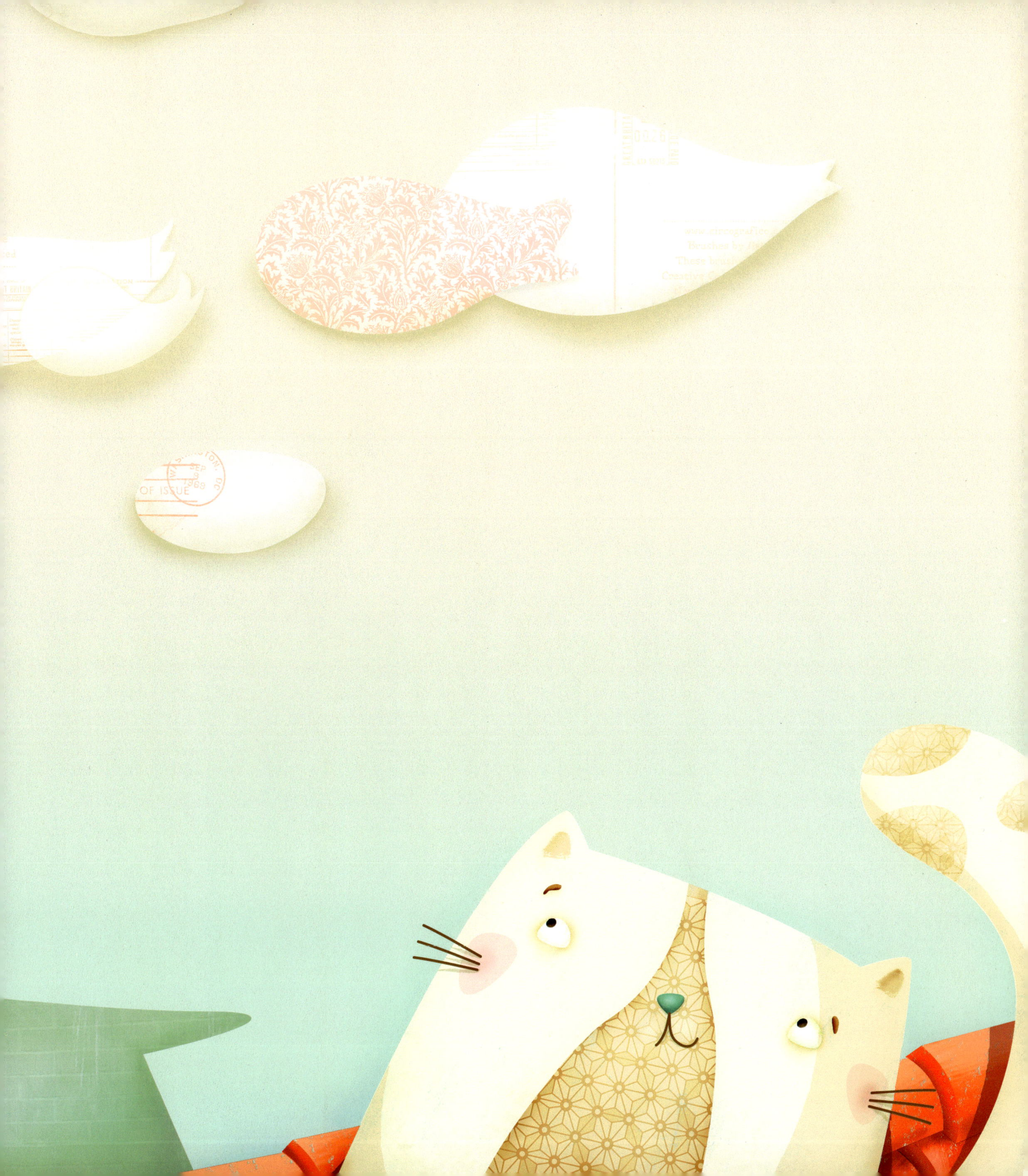
OF ISSUE

Entusiasmo

El entusiasmo es el despertar de un dios que tenemos dentro. Cuando nos dejamos llevar por él, nos sentimos todopoderosos, capaces de cualquier cosa.

¿Cómo suena el entusiasmo?

El entusiasmo suena como una música porque tu corazón late a un ritmo especial. Intenta oír la canción del entusiasmo dentro de tu cuerpo. Su ritmo empieza en tu corazón, va cobrando fuerza poco a poco, te sube por los brazos, te baja por las piernas… Es una energía que nace de tu interior y te impulsa a actuar.

Animados por esa música, fácilmente llegamos a la **euforia**.

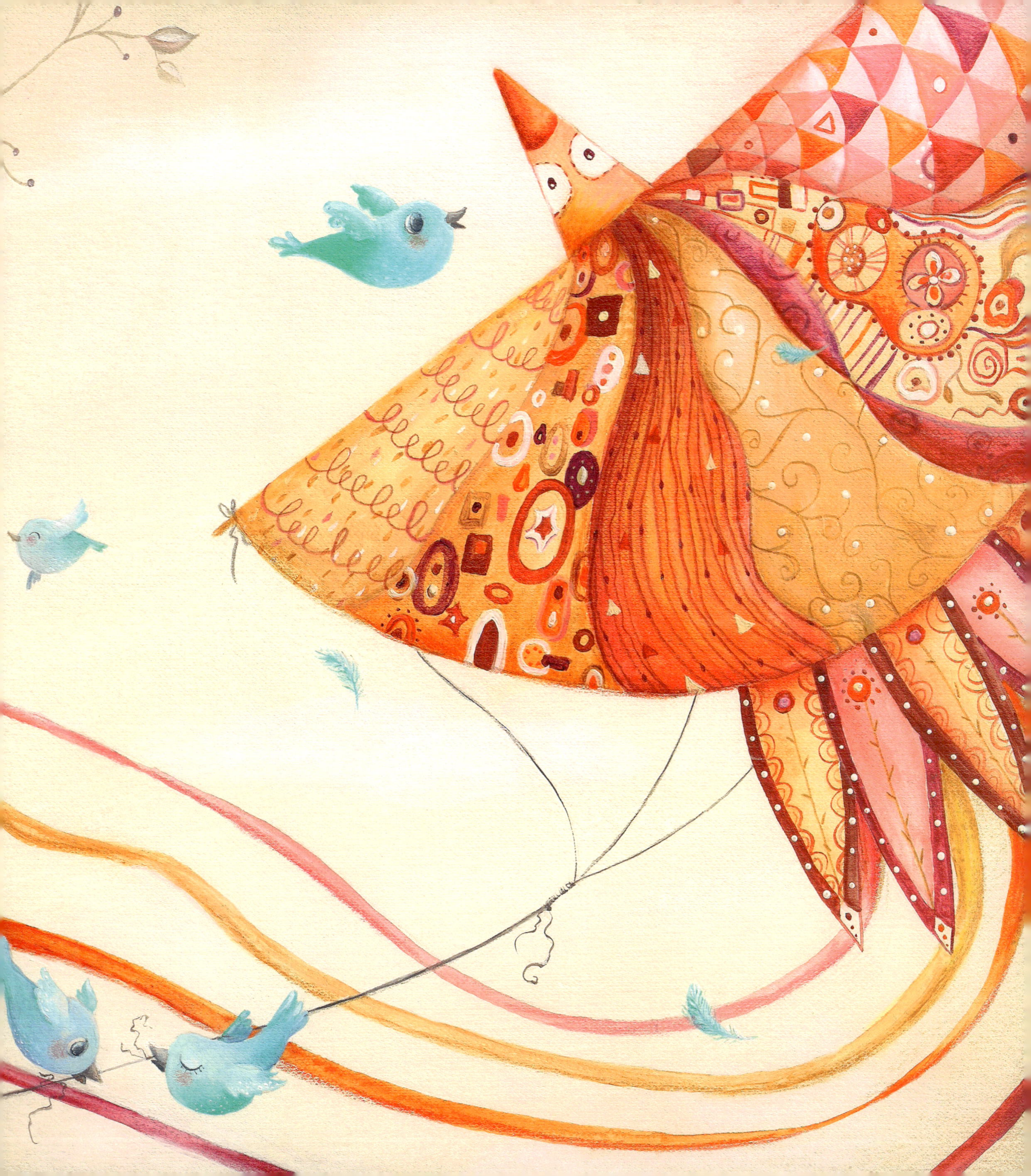

Euforia

La euforia es un desborde de energía positiva. Te brinda la fuerza para enfrentar momentos de adversidad o para festejar con un entusiasmo muy por encima del habitual.

¿Qué caracteriza a la euforia?

El extraordinario bienestar que experimentas. Por eso te muestras tan optimista y crees que puedes superar cualquier reto.

La euforia es lo opuesto al **desaliento**.

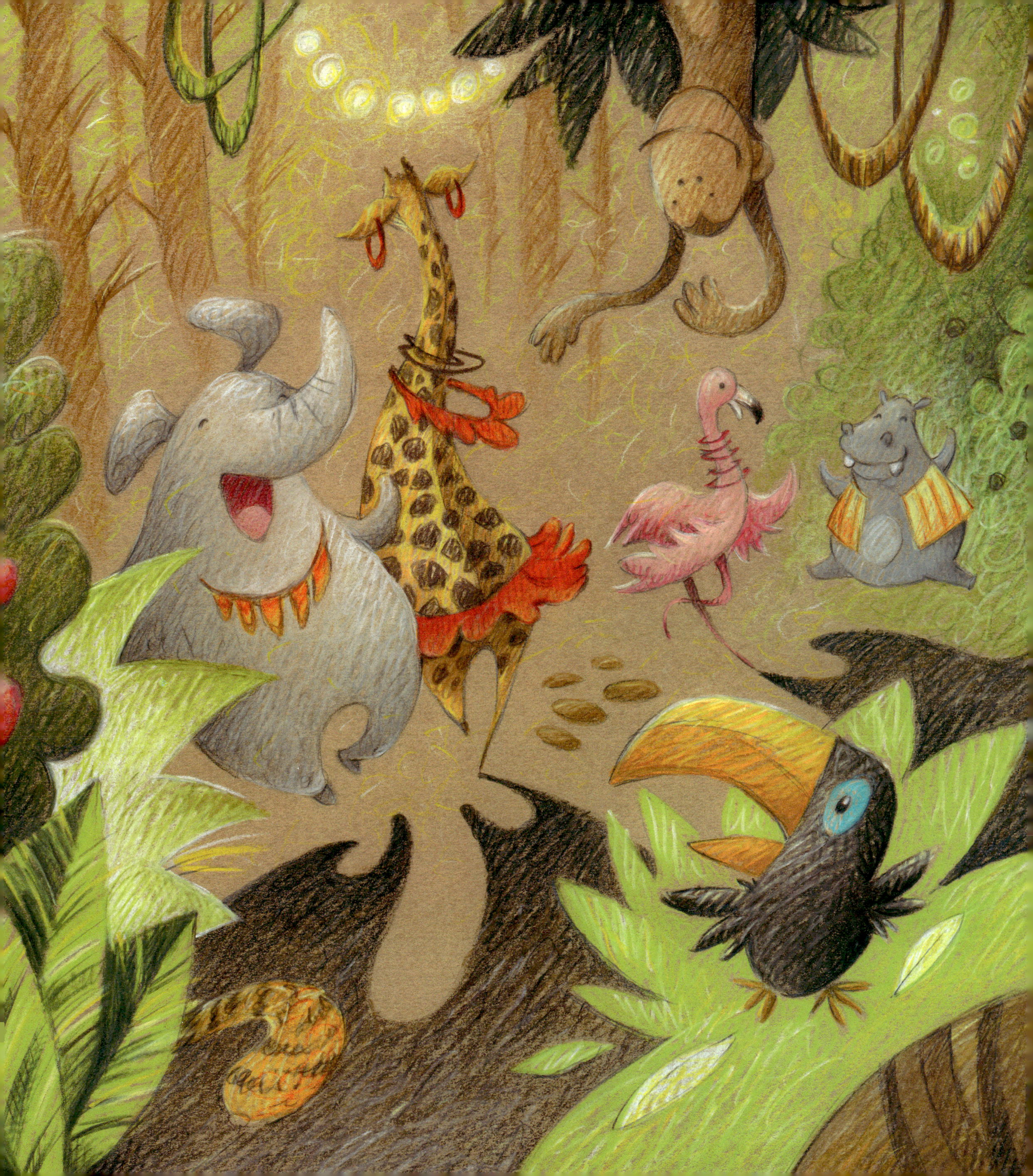

Desaliento

Sentimos desaliento, precisamente, cuando nos falta el aliento para seguir adelante; cuando empezamos a notar cansancio y lo que tenemos entre manos ya no parece tan fácil.

Imagina que estás en un bosque y quieres regresar a casa. Emprendes un camino y no es el adecuado. Regresas al punto de partida. Buscas otra ruta. Tampoco es esa. Insistes. Vuelves a equivocarte. Al cuarto intento, percibes que tus fuerzas fallan, te desanimas. Eso es el desaliento.

¿Qué ocurre cuando llega el desaliento?

A medida que el desaliento se acerca, nuestra meta se aleja.

Cuando nos vence el desaliento y nos rendimos, se abre paso la **decepción**.

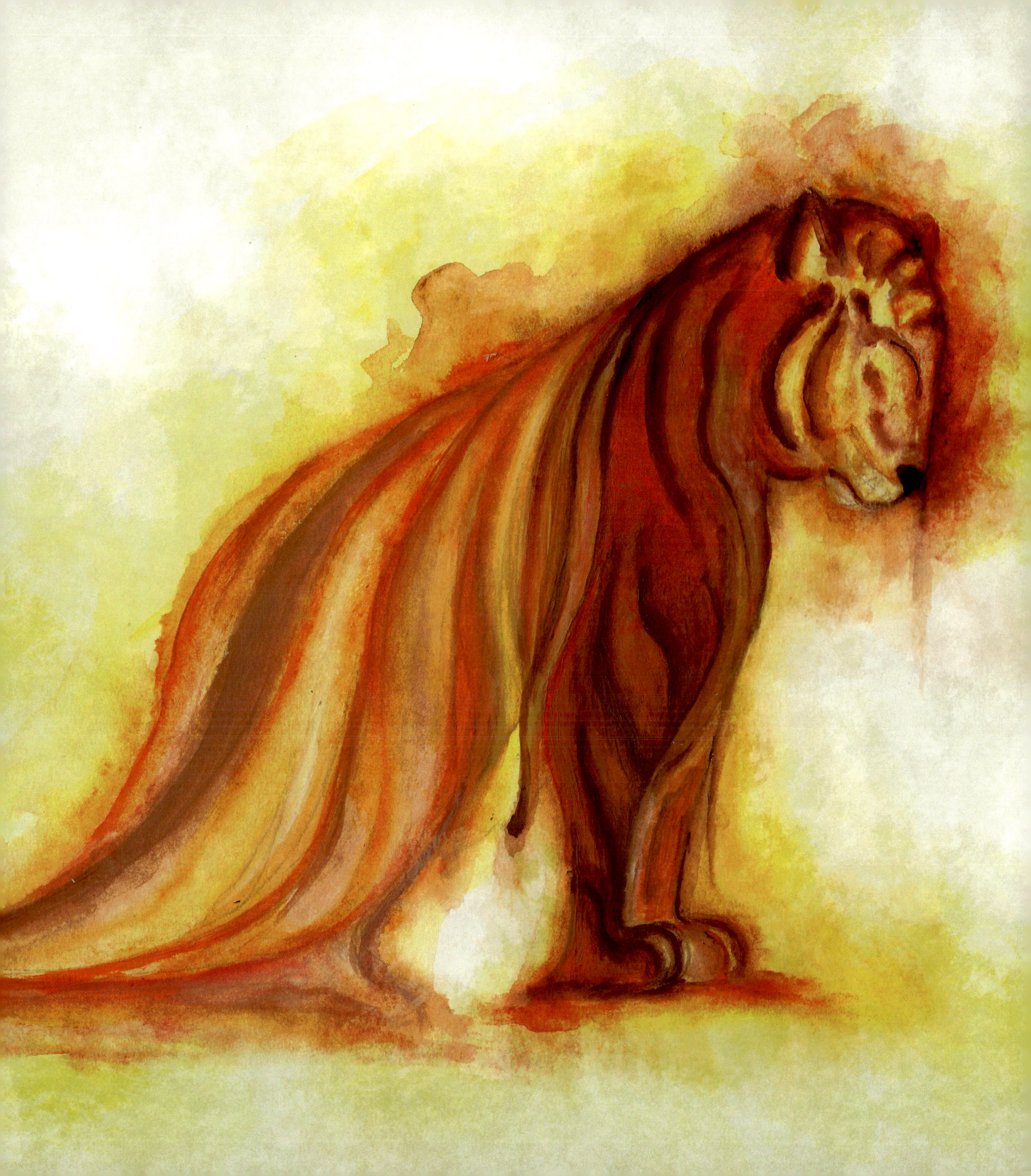

Decepción

Es el pesar que te invade al saber que lo que tú creías no es verdad.

También puedes sentir decepción cuando se desmoronan las esperanzas que habías puesto en algo o en alguien.

¿Es posible no decepcionarse nunca?

Eso solo podría ocurrir si ya lo supieras todo. Todo: desde cuántas veces sonreirá tu madre cada mañana hasta el tamaño exacto del universo. Puedes sorprenderte y también, puedes decepcionarte. Ambas emociones implican que algo no es como pensábamos o deseábamos. En el caso de la decepción, ese desajuste nos contraría. Pero no hay que desanimarse. Esas experiencias también nos ayudan a aprender.

Como ves, es prácticamente imposible no decepcionarse. No obstante, sí puedes evitar caer en la **frustración**.

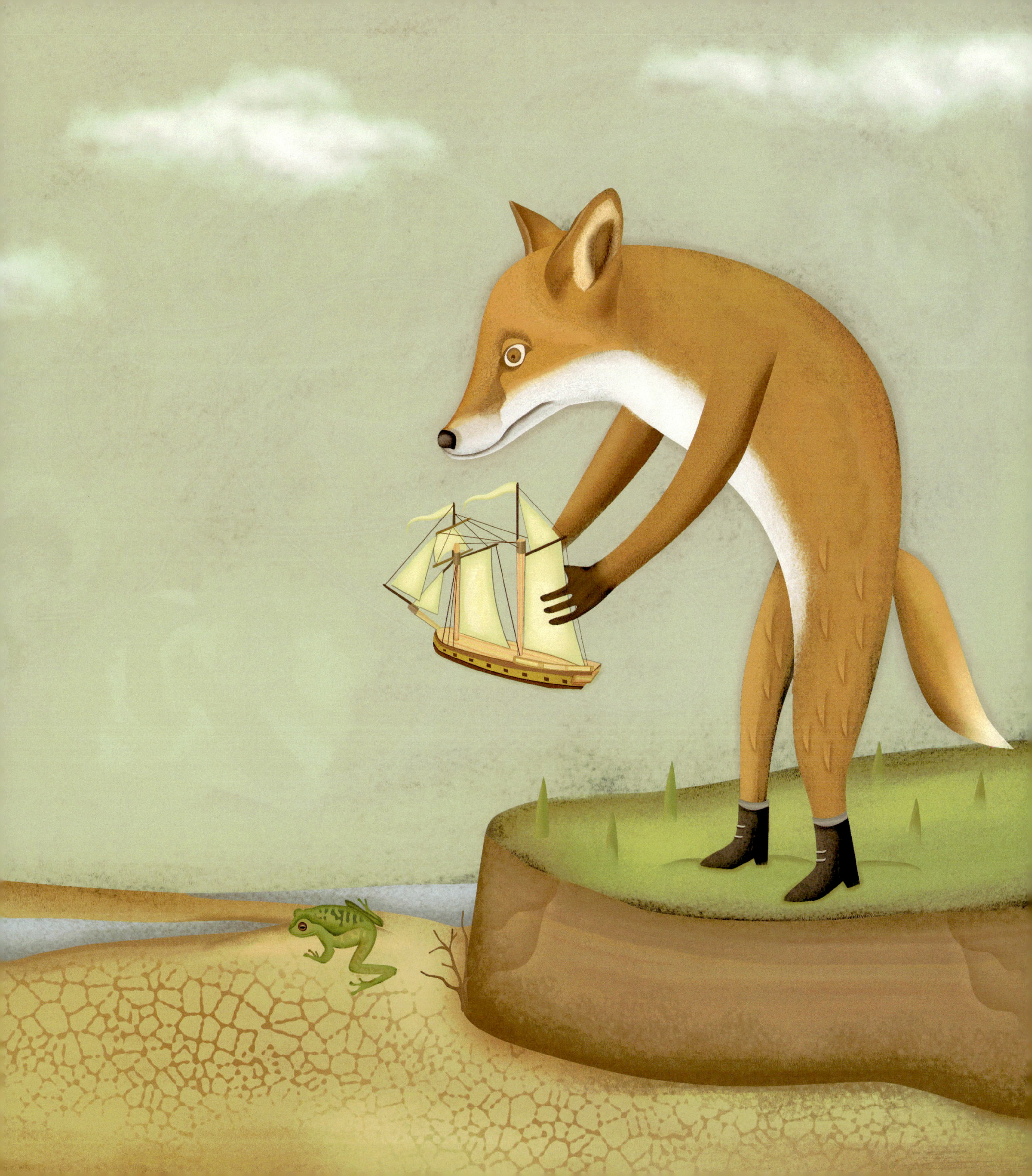

Frustración

Es el malestar y el enfado que se producen cuando no consigues lo que te proponías o esperabas.

¿Qué nos suele producir frustración?

- Nuestras propias limitaciones, como no tener la edad suficiente para participar en una competencia.

- Las limitaciones o decisiones de otra persona, como cuando tú no puedes asistir a una actividad extraescolar divertida porque la han cancelado.

- Las condiciones del tiempo, como una tormenta de verano que impide que disfrutes de la playa.

Ante una misma situación, hay quienes se frustran y quienes buscan soluciones. Estos últimos despiertan nuestra **admiración**.

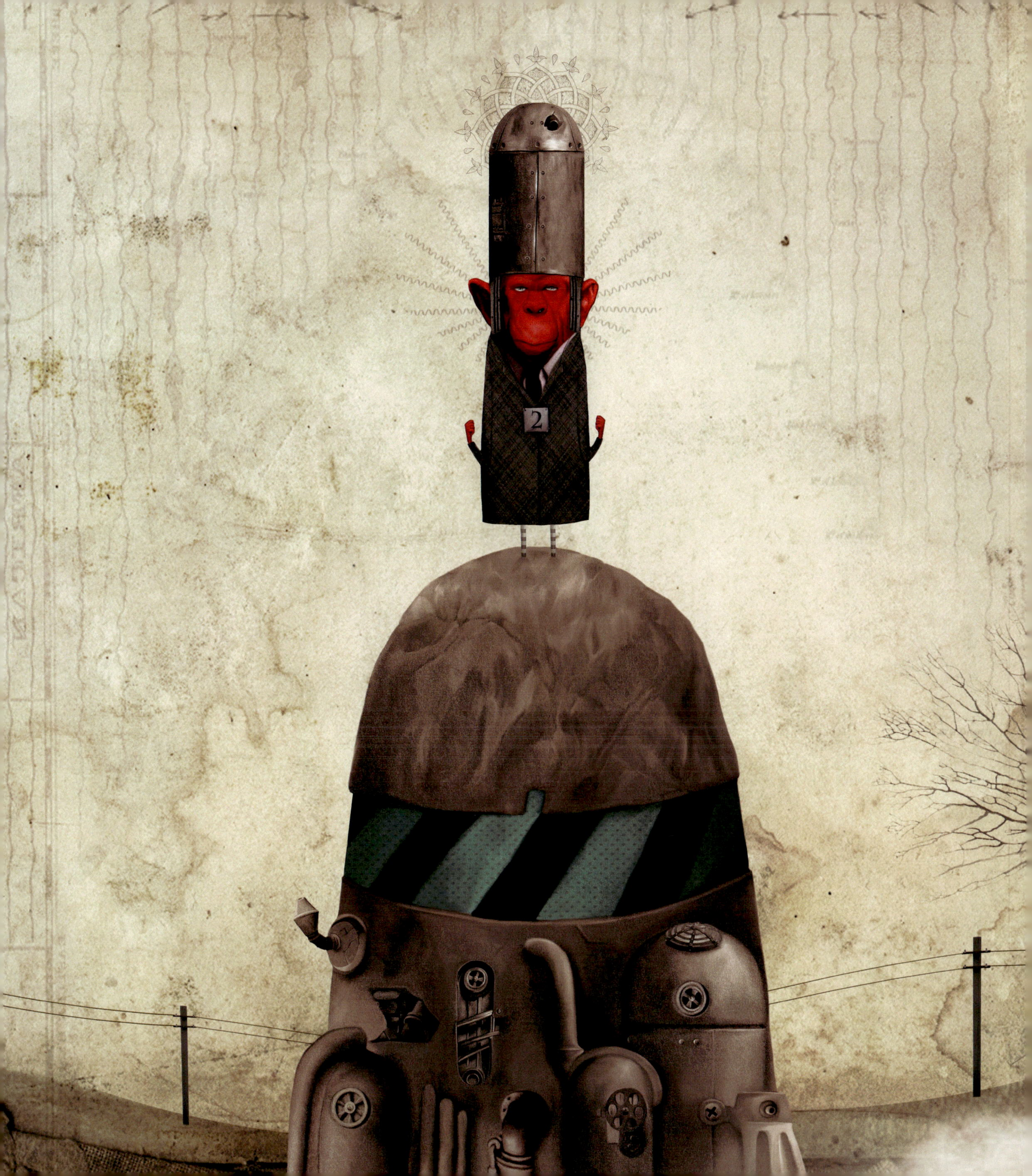
2

Admiración

La admiración es el aprecio que sentimos por alguien que tiene grandes cualidades o por algo que está fuera de lo común. Por ejemplo:

- Una atleta que intenta superarse a sí misma.
- Un explorador que viaja a una selva desconocida.
- Una amiga que dibuja especialmente bien.

¿Todas las personas tienen algo admirable?

Sí, pero hay que saber verlo. Algunas personas poseen cualidades que nosotros no tenemos, o son capaces de hacer cosas que nosotros no podemos. Por eso, las admiramos.

Para admirar a los demás debemos ser conscientes de nuestras limitaciones. Pero si estas nos entristecen y nos impiden valorar al otro, aparece la **envidia**.

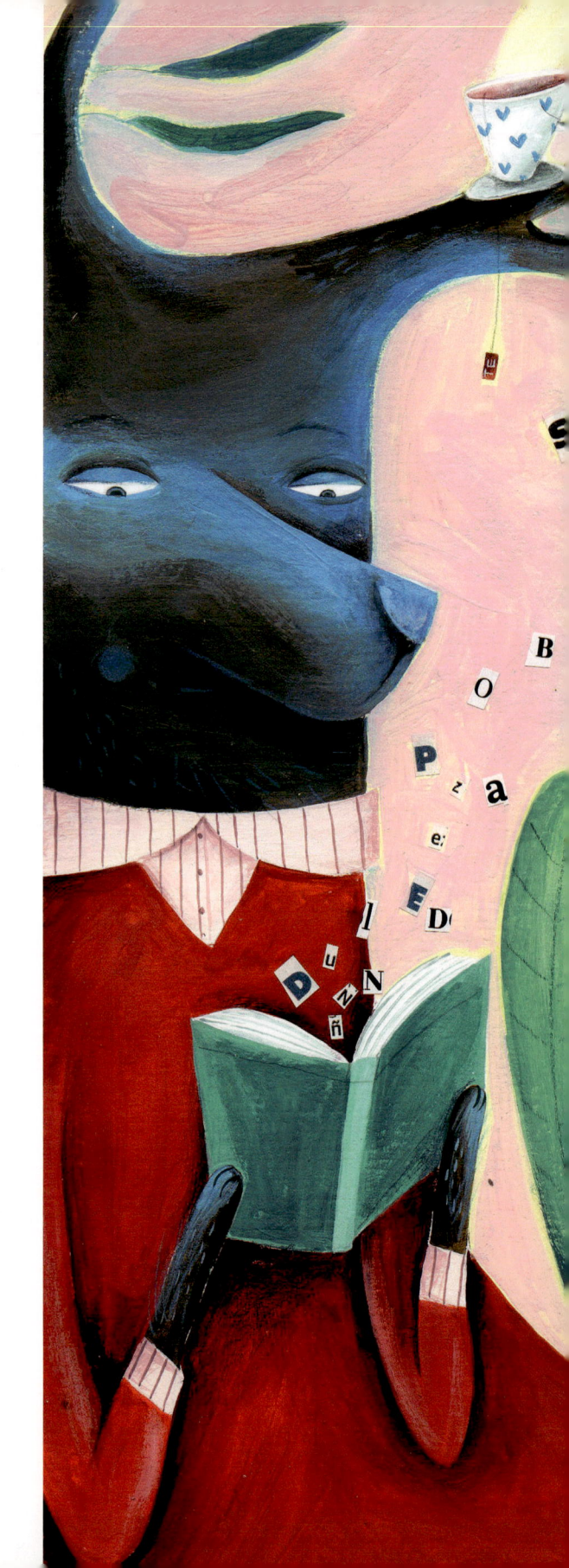

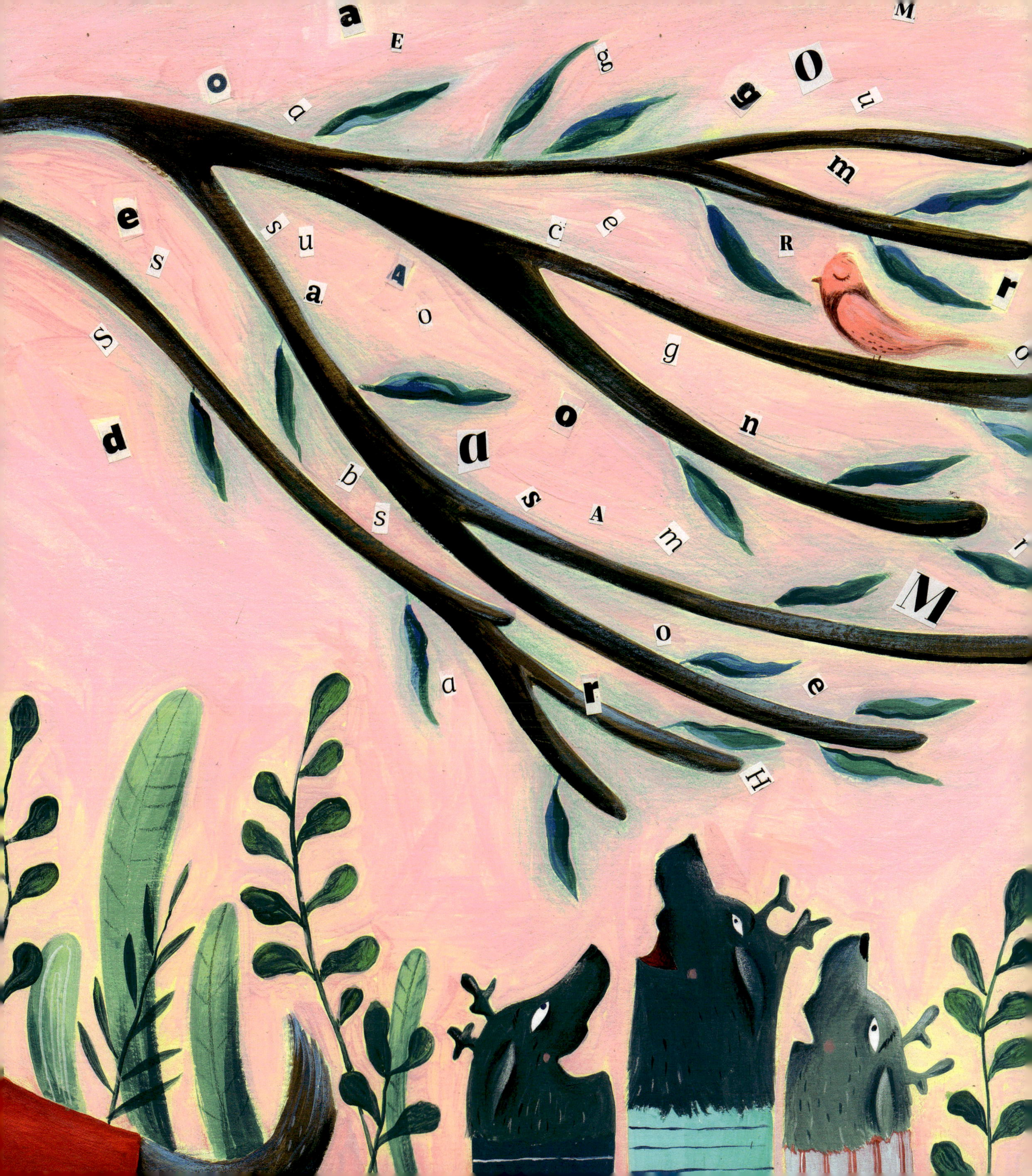

Envidia

Algunos dicen que la envidia y los celos son lo mismo. No es así, aunque ambas emociones van de la mano, mezclándose y avivándose mutuamente. Son parásitos que devoran tu alegría. No les interesa que a ti te vaya mejor, sino que al otro le vaya peor.

¿Qué diferencias hay entre los celos y la envidia?

Los celos te dificultan compartir aquello que consideras tuyo, como el amor de un ser querido. La envidia, en cambio, no nace de lo que tú tienes, sino de lo que el otro tiene: es la tristeza que sientes cuando alguien posee aquello que tú **deseas**.

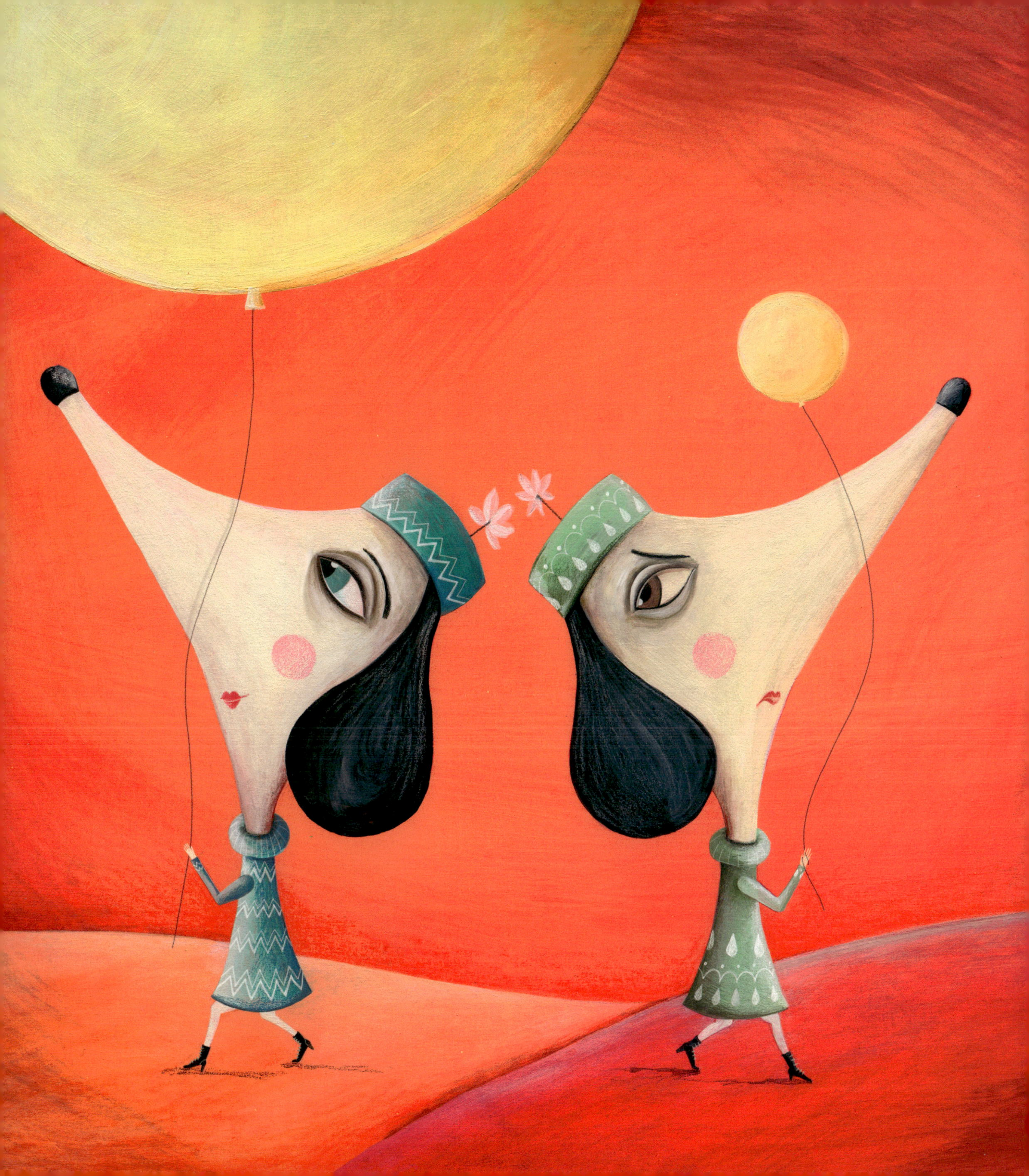

Deseo

El deseo es un impulso que nos mueve hacia algo que queremos. Deseamos aquello que no tenemos y eso nos invita a buscarlo. El deseo es un motor de nuestros actos.

Puedes sentir deseos muy variados: deseos de ser más grande, de aprender a nadar, de estar con tus abuelos, de ser bombero…

¿Todos los deseos son iguales?

No. Hay deseos muy fuertes, muy profundos. Deseas ser médico y estudias durante mucho tiempo para conseguirlo. Y hay deseos caprichosos, fugaces: los antojos. Ves una foto de la cena de Nochebuena y te dan ganas de comerte un dulce navideño.

Un deseo cumplido nos da **satisfacción**.

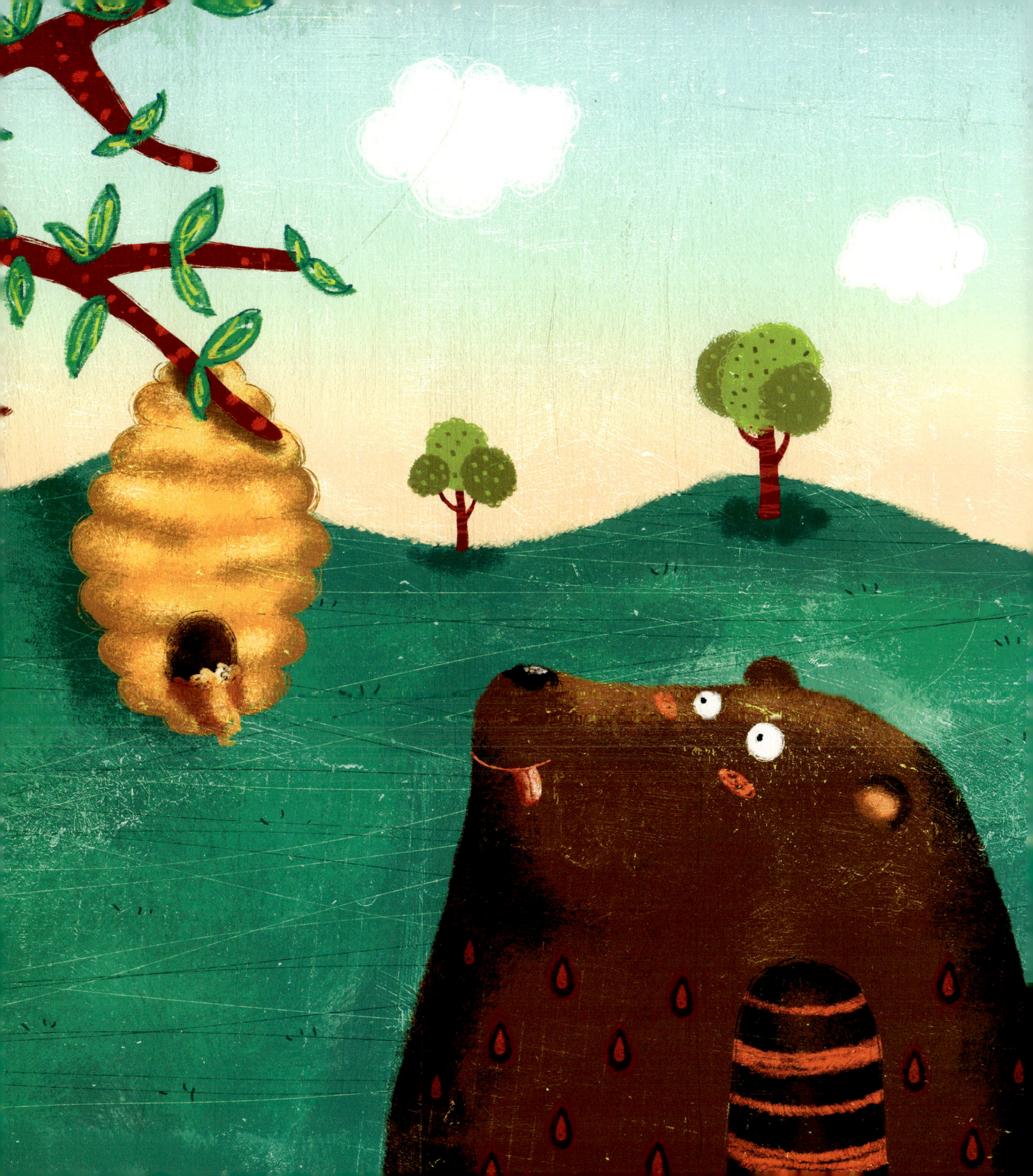

Satisfacción

Saciar una necesidad te produce satisfacción.

La necesidad puede ser física o emocional: calmar el hambre o pintar un paisaje. Y al comer, o al terminar el cuadro, sientes satisfacción.

¿Aumenta tu confianza?

Sí. Confías más en ti mismo. Especialmente, cuando la satisfacción la generan tus propias capacidades o tu comportamiento. Te sientes doblemente satisfecho. Por ejemplo, cuando sacias tu apetito con los tomates que tú ayudaste a cultivar.

Se puede experimentar satisfacción incluso en la derrota. Si logras mejorar un resultado anterior, aunque pierdas la competencia, ya es un gran logro. Esa mejora constante te llena de **orgullo**.

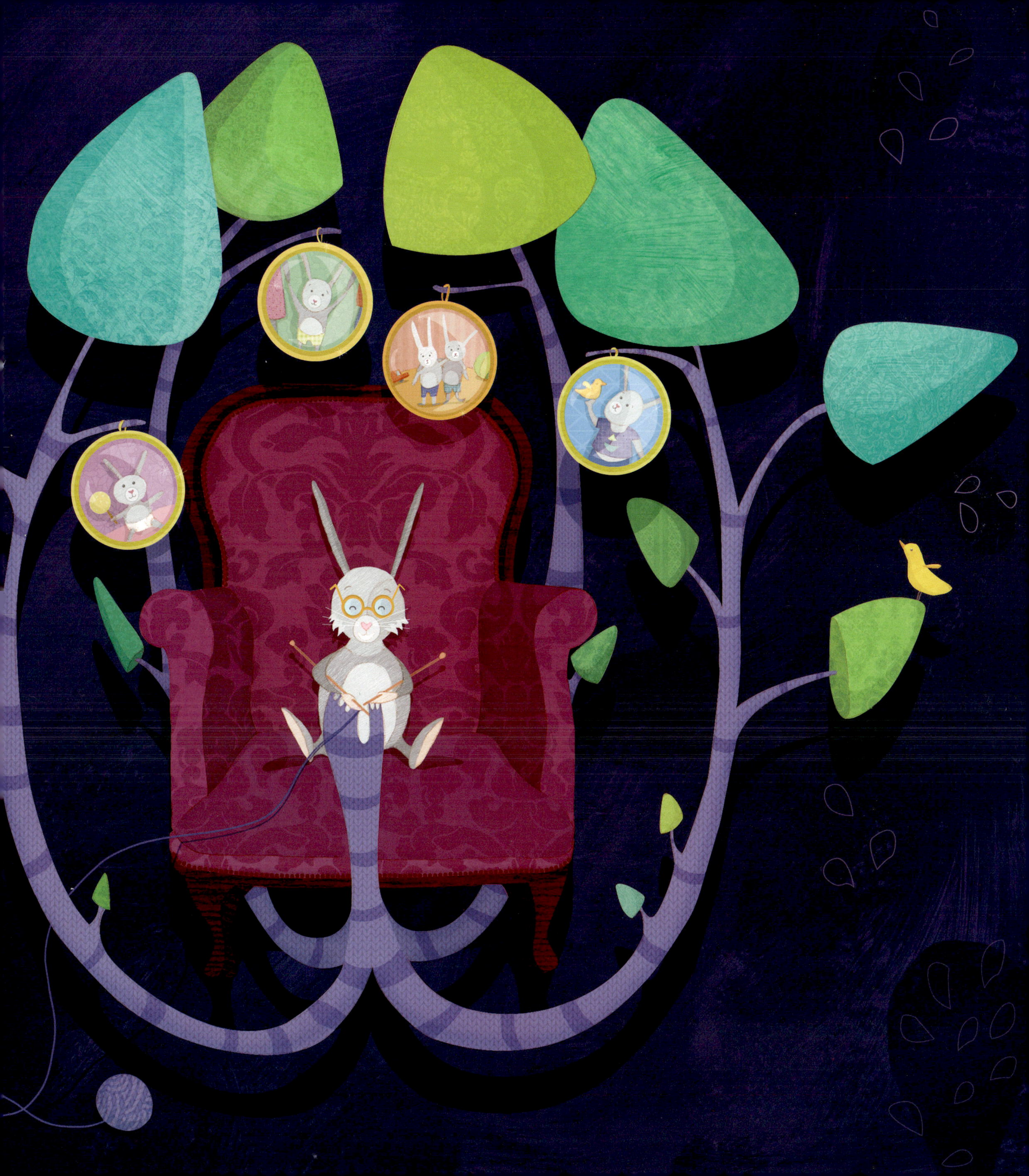

Orgullo

El orgullo es una valoración muy alta de algo, de un ser querido o de ti mismo.

El orgullo personal que sientes por lo que eres o lo que haces puede beneficiarte o perjudicarte.

¿Qué clases de orgullo personal hay?

• Orgullo egocéntrico: Hace que tus metas se reduzcan a una, que es la de 'ser el protagonista'. Como consecuencia, caes en la soberbia o la arrogancia.

• Orgullo virtuoso: Te impulsa a que tu meta principal sea hacer cada vez mejor aquello que tienes entre manos. Te permite descubrir y valorar tus cualidades. Como consecuencia, te puede ayudar a afrontar grandes desafíos.

Superarte a ti mismo te brinda **placer**.

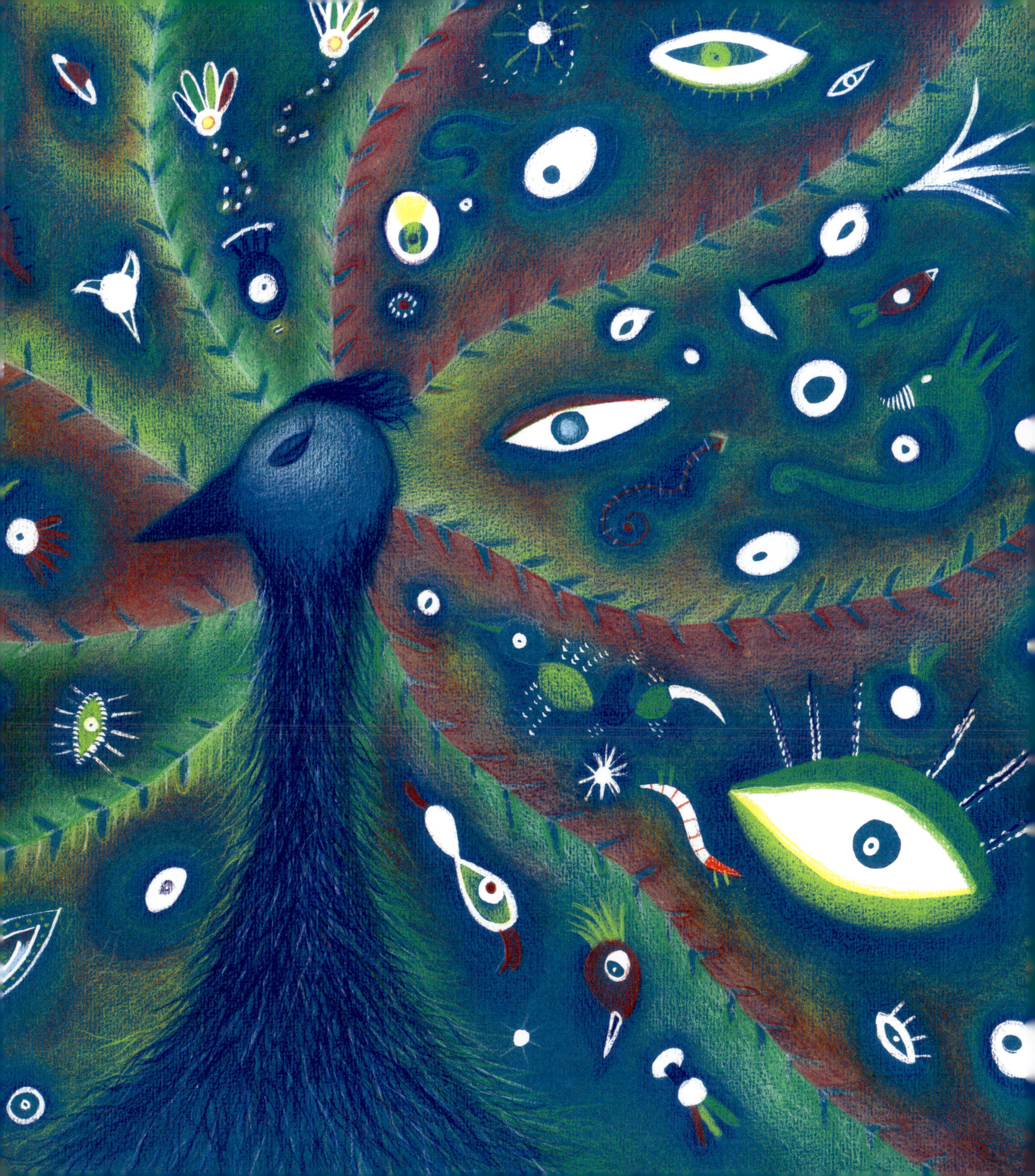

Placer

El placer es la satisfacción y la alegría producidas por algo que nos gusta mucho.

Puedes hallar placer en actividades muy diferentes: al fantasear con otros mundos, al mirar cosas bonitas, al resolver problemas difíciles, al jugar, al sentirte amado…

¿Cómo apreciar el placer?

Para sentir el placer debes concentrarte. Imagina que tienes delante un jugo. Puedes bebértelo rápidamente para saciar tu sed, pero también puedes concentrarte en su sabor y disfrutarlo sin prisas. En definitiva, sentir el placer que te proporciona.

Llevar una vida placentera nos hace sentir **agradecidos**.

Gratitud

La gratitud es el alma de la palabra 'gracias'. Y se multiplica cada vez que eres capaz de ver, en lo cotidiano, un regalo: en la sonrisa de un amigo, en una canción, en la comida…

La gratitud te enseña a disfrutar más de la vida. Es la entrada a la felicidad.

Cuando tenía diez años, mi abuela me dio un 'diario de la gratitud' y, al oído, me dijo:

—Yo tengo uno igual. Cada noche, escribo en él las cosas por las que estoy agradecida. Después, al colocarlo bajo mi almohada, sucede algo maravilloso: el contenido del diario se mete en mis sueños para convertirse en el Palacio Feliz… y su felicidad me acompaña durante todo el día siguiente.

¿Qué hemos anotado hoy?

- Gracias a quienes han vertido su magia en este libro.

- Gracias a la persona que te lo ha regalado.

- Y, especialmente, muchas gracias a ti por emocionarnos.

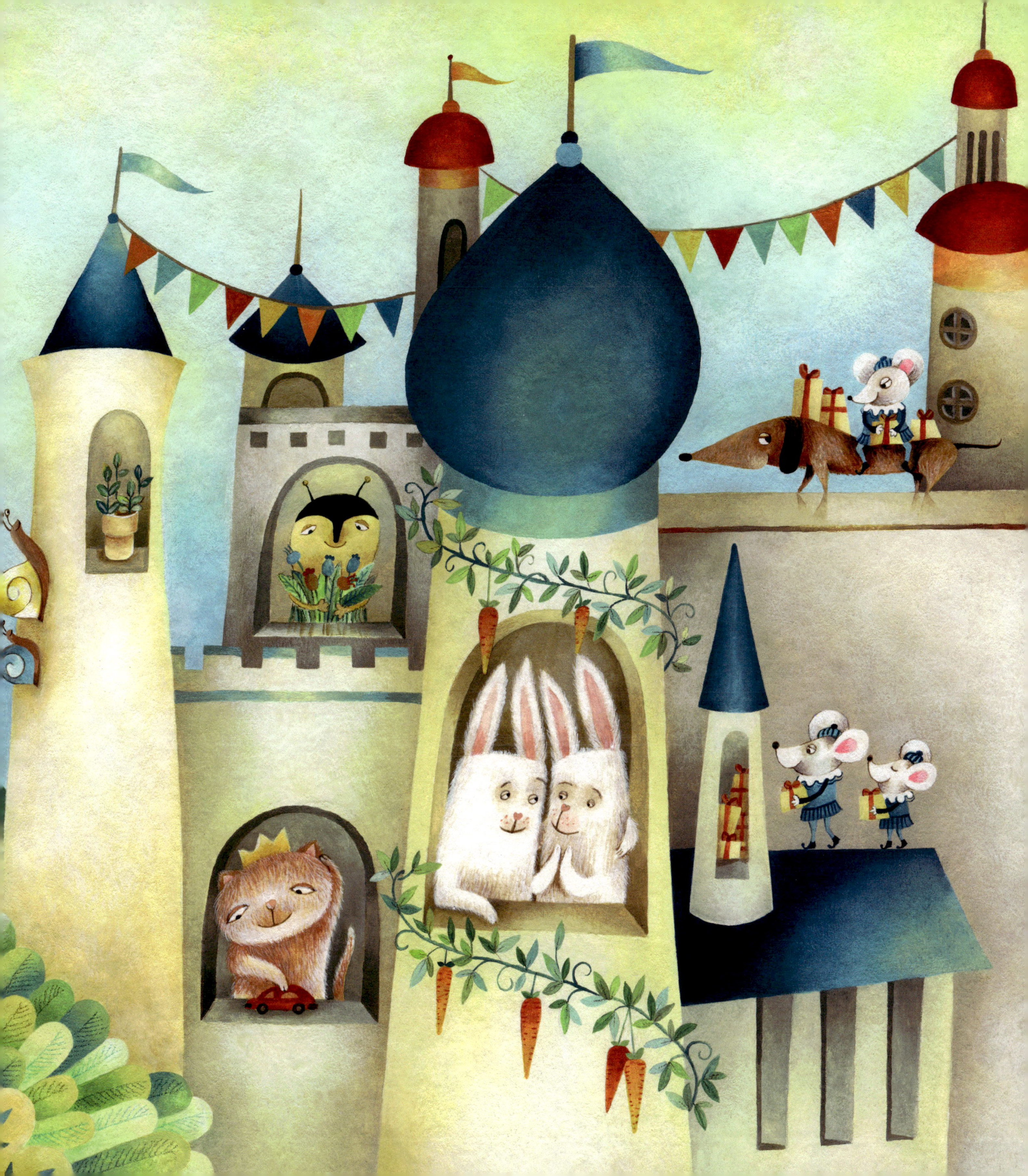

¡TU OPINIÓN ES IMPORTANTE!

Escríbenos un e-mail a
miopinion@vreditoras.com
con el título de este libro en el "Asunto".

CONÓCENOS MEJOR EN:
www.vreditoras.com
f ⊙ /VREditorasMexico
🐦 /VREditoras